기본 〈가치〉 육아

4~7세에 뿌리내리는
삶의 가치

기본
가치
육아

박여울 지음

사람in

차 례

1장   삶의 기본을 쌓으려면 4~7세에 주목하라

2장   성실: 나다움을 위한 기본 소양

3장

배려: 인간관계의 기본자세

4장   정의: 타인과 더불어 살아가는 힘

5장 책임: 자연과 공존하기 위한 첫걸음

현재 대한민국의 교육 현장을 대표하는 키워드는 '선행'입니다. 아이들은 과거보다 점점 더 이른 나이에 더 많은 양을 공부하고 있습니다. 연령별 학습 내용을 정리한 로드맵이 끝없이 만들어지고 있죠. 이런 식의 교육으로 원하는 결과를 얻을 수 있을까요? 진도는 교육의 본질이 될 수 없습니다. 국영수 공부만 하느라 배려를 배우지 못하면 학교 생활에 반드시 문제가 생길 겁니다. 또 사회에 나가서 어떤 부분에 기여하면서 무슨 일을 해야 할지 감을 잡지 못할 거예요. 따라서 부모는 국영수 이상의 것을 가르쳐야 합니다.

요즘 '인성은 실력'이라는 말이 부각되고 있습니다. 과거에는 가정, 학교, 사회에서 아이들의 성장 과정에 필요한 것들을 가르쳤습니다. 하지만 현재는 부모만 아이에게 인성 교육을 할 수 있습니다. 부모가 국영수 공부에 모든 시간을 투자하면서 인성적인 면을 소홀히 하면 아이는 영영 올바른 인성을 기를 수 없습니다. 저자는 이 책에서 삶의 기본인 성실, 배려, 정의, 책임을 이야기합니다. 이 모든 교육을 책임져야 하는 부모의 어깨가 무겁지만 부모가 이 책임을 회피하면 세상 누구도 아이에게 이를 가르치지 못합니다. 사회 구성원으로서 기본 소양을 배우지 못한 아이는 본인이 가장 큰 피해자가 됩니다. 무엇을 잘못했는지조차 모른 채로 사회에서 자신의 자리를 찾지 못할 겁니다.

부모의 어깨가 무거운 요즘입니다. 그럼에도 부모만이 희망입니다. 누구도 성적만 높은 아이로 키우고 싶지 않을 겁니다. 성적·선행에 대한 불안을 걷어 내고 아이들에게 꼭 필요한 역량이 무엇인지 이 책을 통해서 함께 고민하면 좋겠습니다.

EBS 강사 정승익(『진짜 공부 vs. 가짜 공부』 저자)

이 책은 중학교 도덕 교사이자 세 아이를 키우는 저자가 수많은 십대를 만나며 청소년기를 잘 보내려면 4~7세가 왜 중요한지, 또 그때 삶의 기본을 어떻게 쌓아야 하는지 알려 줍니다. 저자가 지금까지 만난 학생들의 이야기를 토대로 현실적인 육아의 방향성을 담고 있습니다.

4~7세는 자신이 어떤 사람인지 능력뿐 아니라 성격, 태도, 느낌에 대해 답을 찾아가는 첫 시기라고 할 수 있어요. 그만큼 인생을 놓고 봤을 때 중요한 시기임에도 많은 부모가 한글, 영어, 숫자를 우선시하죠. 저자는 이런 현실에 안타까움을 느끼며 4~7세에 삶의 기본을 쌓아 가는 방법을 구체적으로 안내합니다. 많은 부모에게 도움이 되리라 확신합니다.

방종임 교육전문기자(유튜브 '교육대기자TV' 운영자)

중학교 도덕 교사에서 세 아이의
엄마가 되고 나니 보이는 것들

제 아이들과 비슷한 또래를 키우는 친구들을 만나면 육아 고민을 쉴 새 없이 털어놓곤 합니다. 하나둘 서로의 고민을 들어주다 보면 어찌나 공감되던지요. 세 아이를 기르면서 제가 했던 고민과 결이 맞닿은 고민이 나오면 신기하기도 하고, 한편으로는 친구의 고민을 들으면서 제가 그동안 깨달은 것들을 조심스레 전해 주고 싶어지기도 했습니다.

사실 저는 첫 아이를 키울 때만 해도 무척 부족한 엄마였습니다. 아이를 키우는 게 처음인 데다가 마음 한구석에는 좋은 엄마가 되고 싶다는 마음이 가득했어요. 그 욕심을 알아채지 못하고 아이를 키우다 보니 때로는 제 무능을 아이 탓으로 돌리기도 했답니다.

이후 둘째와 셋째를 낳으면서 저는 점점 더 작아졌습니다. '나 같은 엄마는 이 세상에 절대 없을 거야. 이렇게 못난 엄마가 어쩌자고 셋이나 낳아서 이 고생을 하는 걸까?', '아이들은 또 무슨 죄람. 더 좋은 엄마를 만났으면 훨씬 행복하게 살았을 텐데.' 이런 생각에 빠져 눈물로 지새운 날이 하루 이틀이 아닙니다.

그러다 복직해 학교로 돌아가니 학생들이 달리 보이기 시작했습니다. '이 아이들도 모두 집에서는 귀한 자식이겠네. 우리 세 아이처럼 예쁜 순간들을 지나왔겠지. 부모님들은 자식을 잘 키우기 위해 얼마나 애쓰셨을까?' 예전에는 살짝 심리적 거리를 두고 학생들을 바라보았다면 세 아이를 낳고 나서는 엄마의 마음으로 유심히 학생들을 살피게 되었습니다. 그러면서 이 학생들이 각각 어떤 육아 방식을 통해 자라왔을지도 고민해 보게 되었죠. 그러면서 흔들리던 제 육아의 중심을 다시 굳건히 세워갈 수 있었습니다. 나이가 어린 아이들에게는 한글, 영어, 숫자를 하나라도 더 가르치려고 애쓰는 것보다 삶의 중요한 가치를 잘 전달하고 사람들과 더불어 사는 방법을 하나하나 알려 주는 게 더 중요하다는 것을요.

지나영 작가의 『세상에서 가장 쉬운 본질 육아』라는 책에서는 '진짜 가르쳐야 할 것은 수학이 아니라 가치이고, 정말 키워줘야 할 것은 키가 아니라 자존감이다'라고 말합니다. 저 또한 크게 공감합니다. 특히 아이들이 부모 품을 떠나 기관 생활을 본격적으로 시작하는 4~7세 때는 아이에게 다양한 가치를 심어 주고 이를 통해 자신이 소중한 존재임을 인식할 수 있게 격려해 주는 것이 부모의 몫입니다. 교사로 일하면서 저는 요즘 십 대 아이들이 어떤 어려움을 겪는지 잘 알게 되었고, 아이들이 건강하게 성장하려면 유년 시절부터 삶의 기본을 잘 쌓아 나가야 한다는 것을 점점 더 크게 실감했습니다.

따라서 이 책에는 추상적이고 원론적인 이야기가 아닌 제가 지금껏 만나 온 학생들의 이야기를 토대로 현실적인 육아 방향을 담았습니다. '세 살 버릇 여든까지 간다'는 속담처럼 훗날 청소년기를 잘 보내기 위해 4~7세 때 기본을 어떻게 쌓아 가야 하는지 구체적인 방법을 안내합니다. 또한 자녀의 상태와 그에 대한 부모의 태도를 스스로 점검해 볼 수 있는 코너도 마련했습니다.

아이들에게는 자기 자신이 누구인지 굳건히 인식하면서 앞으로 닥칠 고난과 시련을 극복할 힘을 얻는 과정이 중요합니다. 그 과정에는 삶의 기본을 제대로 익히는 것이 우선되어야 하죠. 요즘 부모들은 아이에게 가르칠 게 너무 많아서 혼란스럽다고 합니다. 어쩌면 그것은 우선순위를 정립하지 못해 겪는 혼란일 수도 있습니다. 저는 이 점을 자세히 설명하려 합니다.

이 책이 결코 육아의 유일한 정답이라고 생각하지 않습니다. 여러 갈림길 앞에서 미처 보지 못한 새로운 길을 걸어 볼 수 있게 용기를 심어 주는 안전한 이정표가 되길 기대합니다.

마지막으로 교사이자 아내이면서 세 아이의 엄마로 평범하게 살던 제가 작가를 꿈꾸고 지금껏 노력할 수 있게 곁에서 무한히 지지해 준 남편에게 참 고맙습니다. 소중한 저의 보물들, 우주여행을 무사히 마치고 제 품으로 와준 슬이, 별이, 결이 세 아이에게도 사랑을 전합니다.

박여름

1장

삶의 기본을 쌓으려면
4~7세에 주목하라

아이가
좋아하는 게 없어요

❋ 의욕적인 아이 vs. 무기력한 아이

민수는 매사에 의욕이 없다. 학교에서는 늘 책상에 엎드려서 눈을 감고 있고 보통 아이라면 흥미를 보이는 체육, 음악, 미술 같은 예체능 수업에도 심드렁하다. 민수에게서는 능동성이나 적극성을 찾아볼 수가 없다. 선생님이나 친구가 무얼 하자고 제안하면 마지못해 하는 둥 마는 둥 하다가 이내 무관심한 눈빛을 보인다.

지운이는 정반대다. 좋아하는 것을 찾아서 즐길 줄 알고 재미난 일이 없나 교실에서 눈을 이리저리 굴리며 찾는다. 댄스 동아리를 직접 만들어서 이끌고 있기도 하고, 학교에서 쉬는 시간에 좋아하는 아이돌의 노래를 부르며 춤춘다거나 친구들에게 댄스를 가르쳐 주기도 한다. 좋아하는 가수의 생일은 물론이고 사는 곳, 부모 직업까지 꿰고 있는 진정한 '덕후'다.

공부도 열심히 하는 지운이는 학교생활도 적극적이다. 모둠 활동을 하면 의욕적으로 모둠원들을 격려하고 이끌어 나간다. 예체능 시간뿐 아니라 국영수 교과 시간에도 어려운 내용을 이해하려고 시간을 들여 노력한다.

✳ 덕질은 시간 낭비가 아니다

민수와 지운이의 가장 큰 차이점이 뭘까? 그건 바로 '좋아하는 것이 있느냐 없느냐'이다. 요즘 표현으로 덕질하느냐에 따라 이 두 아이를 구분할 수 있다. 민수는 좋아하는 것도 없고 의욕도 없어서 그저 흘러가는 대로 산다. 반면 지운이는 적극적인 자세로 어떤 활동이든 참여하려 하고 친구들과도 잘 어울리며 즐겁게 학교생활을 한다.

무언가를 좋아한다는 건 자기 성격의 장단점, 취미, 특기, 다양한 대상에 대한 선호도를 스스로 이해해야만 가능하다. "너는 어떤 아이돌을 좋아해?"라는 질문을 받았을 때 민수와 비슷한 성향의 아이들은 아예 대답하지 못하거나 "잘 몰라요"라고 답한다. 이와 반대로 지운이 같은 성향의 아이들은 확신에 차서 대답하고 이유까지 명확하게 표현한다.

✳ 자아개념이 높은 아이

무엇을 좋아하고 싫어하는지 명확히 인식하는 아이는 결국 자신을 잘 이해하고 있다고 할 수 있다. 이와 관련된 용어가 '자아개념'이다. 자아개념이란 자신이 어떤 사람인지 능력뿐 아니라 성격, 태도, 느낌에 대해 답을 제시할 수 있는 능력까지 포함한다.

핵심은 자아개념이 하루아침에 생겨나지 않는다는 것이다. 끊임없이 자기 자신을 성찰할 기회를 얻어야 한다. 그리고 자신이 무엇을 좋아하고 싫어하는지 파악한 결과를 (태어나면서부터 가까운 관계를 맺고 있는) 부모에게 이야기했을 때 긍정적인 반응을 받은 경험이 많이 쌓여야 한다. 부모가 아이의 사소한 이야기도 들어주고 존중하며, 또 좋아하는 걸 일상에서 시도해 볼 수 있게 기회를 충분히 주면 아이는 자아개념을 선명히 가질 수 있다.

자아개념이 선명해지면 아이는 스트레스를 풀어야 할 때나 지루하고 심심할 때 무엇을 하며 시간을 보내야 할지 잘 안다. 그리고 꿈을 정하고 그 꿈을 이루는 방법도 적극적으로 알아본다. 좋아하는 대상이 확실한 아이는 자아개념이 뚜렷하며, 이러한 특성은 아이 인생에 꽤 오랫동안 긍정적인 영향력을 미친다.

자녀 코칭 포인트 아이가 좋아하는 것을 잘 표현하는가?

지금 한번 떠올려 보자. 내 아이는 좋아하는 게 있는가? 좋아하는 공부, 좋아하는 캐릭터, 좋아하는 색깔, 좋아하는 그림책, 좋아하는 선생님, 좋아하는 가방, 좋아하는 장소, 좋아하는 시간, 좋아하는 옷, 좋아하는 모양이 있는가?

내 아이가 좋아하는 것을 이야기했을 때 부모로서 어떤 반응을 보였는가? 경청하면서 긍정적으로 반응해 주었는지, 아니면 대수롭지 않게 흘려들었는지, 아예 아이 말을 무시하고 내가 좋아하는 것을 강요하지 않았는지 생각해 보자. 다시 말해 아이의 선택을 존중하고 선택의 기회를 주었는지 떠올려 보는 것이다.

자아개념이 확실한 아이로 성장할 수 있게 도우려면 부모는 아이에게 선택할 기회를 많이 줘야 한다. 그리고 선택의 결과를 어느 정도 존중해야 한다. 자신이 무얼 좋아하는지 고민하다가 한두 가지를 선택해 부모에게 부드럽게 표현해 본 적이 많은 아이는 자기 의견을 자신감 있게 표현할 수 있게 된다. 당연히 자아개념이 높을 테고 학교생활을 비롯한 일상생활에도 의욕적인 태도를 보일 것이다.

이러한 과정을 아이가 4세일 때부터 시작할 수 있다. 아이가 떼쓰고 고집만 느는 건 아닐지 걱정스러울 수 있겠지만 시작해 보지도 않고 걱정할 필요는 없다. 어느 부모든 이런 기회를 제공하는 게 초반에는 서툴 수밖에 없기 때문이다. 오늘부터 아이가 무얼 좋아하는지 이야기를 나눠 보자.

02

아이가
주변 정리를 잘 못해요

❋ **생활 습관이 곧 학습 능력**

우진이 책상 위는 오늘도 정신없다. 도덕 수업임에도 불구하고 수업과 상관없는 학용품과 학습지들이 나뒹굴고 있다. 외투 끝은 바닥에 질질 끌리고 있고 배드민턴 라켓은 사물함 위에 덩그러니 던져 두었다. 우진이는 수업 시간 전에 수업 준비를 잘하지 못한다. 학생이라면 당연히 수업 시간에 필요한 준비물은 책상 위에 미리 올려 두고 수업과 상관없는 물건들은 가방, 서랍, 사물함을 활용해 정리해야 한다. 필통에 두 자루 이상의 필기구와 지우개가 들어 있어야 하지만 우진이 필통은 텅텅 비어 있다.

이런 생활 습관은 학습 습관으로 이어진다. 학습 준비물을 챙기는 준비성과 성실은 당연히 학습 결과에 영향을 미칠 수밖에 없다. 다행히도 보통의 아이들은 부족한 점을 개선하려고 노력한다. 준비물을 챙기지 못하거나 물건을 잘 정리하지 못하는 아이라면 쉬는 시간마다 수업 준비부터 해야겠다고 마음먹을 테고, 매일 밤 자기 전에 가방과 필통을 정리하면서 학습 준비물을 잘 챙겼는지 두세 번 확인할 것이다. 이는 '메타인지'의 점진적 향상으로도 이어진다. 메타인지는 자기 생각을 성찰하고 점검할 수 있는 능력을 말한다.

생활 습관이 잡힌 아이들은 자신이 산만한 편인지, 준비물을 잘 챙기는지, 주변 환경을 잘 정리하는지 객관적으로 파악할 수 있다. 이 또한 메타인지에 속한다. 하지만 생활 습관이 잡히지 않으면 메타인지가 약해질 수밖에 없다.

자녀 코칭 포인트 아이 스스로 정리 정돈을 하는가?

그렇다면 내 아이가 환경 정리를 잘하는 편인지 살펴보도록 하자. 어른만큼 물건을 잘 정리하는 능력을 말하는 게 아니라 아이 수준에서의 정리 능력을 파악하면 된다. 다음 체크리스트를 통해 내 아이는 몇 점인지 계산해 보자.

아이 정리 정돈 능력 체크리스트

	내용	잘함 (3점)	보통 (2점)	서툼 (1점)
1	놀고 나서 장난감을 스스로 정리한다.			
2	생활용품의 원래 위치를 대체로 잘 알고 있다.			
3	직접 만든 미술 작품 중 버릴 것과 보관할 것을 스스로 판단한다.			
4	학용품을 쓰고 나면 제자리에 둔다.			
5	공부할 때 필기구와 문제집을 직접 챙긴다.			
6	식사 후에 식기를 싱크대에 가져다 놓는다.			
7	옷을 벗으면 수납함이나 빨래통에 바로 넣는다.			
8	다음날 아침에 입을 옷을 미리 얘기하거나 꺼내 둔다.			
9	신발을 혼자 신고 벗는다.			
10	자고 일어나면 베개와 이불을 스스로 정리한다.			
	총점			

아이가 몇 점에 해당하는가? 점수대별로 특성을 구분해 보자면 다음과 같다.

- 0~12점 　정리 습관을 길러야 하는 아이
- 13~18점 　정리 습관이 잘 잡혀 있으며 무난하게 해내는 아이
- 19~30점 　정리 습관을 잘 쌓아서 모범을 보이는 아이

위 문항을 읽고 부모 입장에서도 다시 한번 생각해 보자.

- 아이가 물건들의 제 위치를 잘 알고 있는가?
- 아이가 할 수 있는 일들을 스스로 해보는 기회를 주고 있는가?
- 아이가 정리는 스스로 하는 것으로 인식할 수 있게 도와주는가?

덧붙이자면 가정에서 아이가 놀이 후에 주변을 잘 정리할 수 있는 환경을 마련해 줘야 한다. 어린이집에서는 선생님의 지도 아래 아이들이 함께 물건을 정리한다. 즉 아주 어린아이도 정리를 무난히 해낼 수 있으며, 이 과정을 꾸준히 하면 습관으로 잘 정착시킬 수 있다.

또한 매번 부모가 주도적으로 정리하는 건 아닌지, 아이에게 나름의 정리 시간을 주었는지 꼭 점검해야 한다. 앞서 말했듯이 정리에 대한 개념을 어릴 때부터 심어 주지 않으면 언제든 부모가 따라다니면서 챙겨 줘야 하는 아이로 성장할 수 있기 때문이다.

환경 정리 능력은 일상에서 쉽게 기를 수 있다. 다만 아이들이

스스로 해낼 수 있게 기회를 많이 줘서 좋은 습관을 쌓도록 가르쳐야 한다. 아침에 일어나면 베개와 이불 정리를 하는 것, 아침밥을 먹고 나면 그릇을 싱크대에 넣는 것, 어린이집이나 유치원 등원 시 미리 정해 둔 옷을 입고 신발을 스스로 신는 것, 하원 후에는 옷과 양말을 잘 정리하는 것, 놀이 시간을 보낸 뒤에는 장난감을 제자리에 넣어 두는 것 등 아이가 주도적으로 정리를 잘해 나가고 있는지 한 번 더 돌아보도록 하자.

시키는 대로만

하는데 어쩌죠?

❇ **수동적 태도** vs. **능동적 태도**

어느 날 연우 어머니가 상담 차 학교에 방문해서 연우에 대해 하소
연을 하신 적이 있다. 자세히 이야기를 들어 보니 연우가 시험공부
에 도통 관심이 없어 시험 기간이라도 공부를 시키기 위해 집 안에
서 아이에게 한시도 눈을 떼지 않는다고 했다. 온종일 아이가 무얼
하는지 곁에서 지켜봐야 해서 속에서 천불이 난다며 속상해하셨다.

　중학생이 되고도 공부를 자발적으로 이어 가지 못하는 연우는
알고 보니 학업 스트레스가 매우 많았다. 어릴 때부터 엄마가 공부
를 너무 많이 시켜서 힘들었지만 표현을 잘 못하던 시절이라 따를

수밖에 없었다고 했다. 연우는 나와의 상담 시간에 이제는 시키는 대로 하기 싫다고 털어놓았다. 왜 공부해야 하는지 잘 모르겠단다.

반면 정민이는 시험 기간 한 달 전부터 학습 플래너에 공부해야 할 교과서 범위를 꼼꼼히 적어 둔다. 원래 매일 공부 계획을 직접 세우고 실천하는 정민이는 시험 한 달 전부터 학교 수업도 더욱 집 중해서 잘 듣는다. 그야말로 자기주도적인 학습 습관이 매우 잘 잡 힌 아이다. 쉬는 시간과 점심시간에는 종종 교무실에 찾아와 잘 이 해하지 못한 부분이나 풀기 어려운 문제를 선생님께 물어보기도 한다. 자신의 부족한 점을 잘 알고 도움을 청할 줄 아는 것이다. 수 업 시간에도 기발한 아이디어를 자주 내고 교사의 질문에 자기 생 각을 적극적으로 발표하며 배움에도 여유가 느껴진다.

극단적인 두 학생의 사례를 들었지만 그 중간에 속해 있는 아이 도 많다. 예컨대 시험에서 자주 100점을 맞지만 학업과 일상생활 에 적극적으로 나서지 않는 아이도 있고, 누군가가 짜준 공부 스케 줄을 무조건 따르는 아이도 있다.

✳ 시간적·공간적 여유를 제공하라

그렇다면 정민이처럼 내 아이를 자발적이고 적극적인 아이로 키우려면 어떻게 해야 할까? 나는 셋째까지 낳아 기르는 동안 많은 시행착오를 겪으며 나만의 육아 철학을 세웠다. 내 육아 철학의 핵심은 '아이에게 강요하지 않는 것'이다. 아이가 자발적으로 판단할 기회를 일상에서 많이 제공하려고 노력했다. 이 노력을 통해 아이가 인생을 적극적으로 이끌어 가는 태도를 얻길 바랐다.

가령 아이가 "엄마 심심해요. 놀아 주세요"라고 말했을 때 한 엄마는 "무슨 놀이를 하고 싶은데? 어떤 거 하고 싶은지 생각해 봐"라고 말하고, 다른 엄마는 "팔찌 만들기 할까? 블록 놀이? 아니면 장난감으로 기차놀이 할까?"라고 말한다고 해보자. 어떤 엄마가 일상의 여유를 허락하는 것 같은가?

집에서 세 아이를 가만히 지켜보니 심심할 때 진짜 놀이가 시작됐다. 주말에 계획을 짜서 알찬 나들이를 다녀오면 아이가 뭔가를 배우긴 해도 자기주도적으로 놀아 볼 여유는 없다. 오히려 뭘 해야 할지 몰라 심심할 때 직접 놀이를 떠올려서 시간을 보낸다. 즉 진짜 놀이가 시작된다. 누군가는 방치라고 할 수도 있겠지만 나는 아이를 믿어 주는 '적극적 방임'이라고 생각한다. 그래서 평일에 아이가 기관을 다녀오면 자유 시간을 줘서 알아서 놀 수 있게 했다.

다음으로 '공간적 여유'를 만들어 주려고 애썼다. 아이들은 집에서 머무는 시간이 가장 많다. 그런데 집에 물건이 가득 들어차 있으면 마음 편히 공간을 활용할 수 없다. 심지어 부모가 그 공간을 위험하게 활용하는 아이를 못마땅하게 여길 수도 있다. 그래서 되도록 필요한 물건만 꺼내 두고 집 안을 깔끔하게 정리했다. 또한 아이들에게 책을 읽어 줌으로써 틀에 박힌 사고보다는 적극적이며 창의적인 사고를 많이 할 수 있도록 유도했다.

충분한 공간을 마련하면 아이들은 그 공간을 자연스럽게 활용한다. 아이를 위한다는 명목 아래 책이나 예쁜 소품으로 꾸민 공간은 어른 눈에는 만족스러울지 모르지만 정작 아이를 위한 길은 아닐 수 있다. 차분하게 집 안 환경을 한번 돌아보자.

자녀 코칭 포인트 아이의 주도력을 길러 주고 있는가?

부모로서 평상시에 아이에게 자기주도적인 사고력을 유도하고 있는지 객관적으로 돌아보는 시간을 갖자. 다음과 같은 질문을 스스로에게 던지다 보면 많은 깨달음을 얻을 수 있을 것이다.

- 평상시에 아이에게 새로운 것을 생각할 만한 여유를 주는가?
- 아이 스케줄을 부모가 주도적으로 계획하고 있진 않은가?
- 아이가 배우고 있는 것들의 필요성을 이해하고 있는가?
- 아이가 배움을 즐거워하는가?

사람들과 소통을
잘 하지 못해요

✽ **교실에서 소통을 못하는 아이들**

수영이는 반에서 '자기밖에 모르는 아이'로 불린다. 청소 시간에
는 도망가기 일쑤고 급식 줄을 설 때는 새치기를 밥 먹듯 한다. 수
영이가 이렇게 오로지 자신만 챙길 때면 다른 아이들은 눈살을 찌
푸린다. 학교에서는 친구와 소통해야 할 때가 많지만 수영이는 소
통 과정에서 잡음을 많이 낸다. 타인의 상황에 공감하지 못하는 건
기본이고 배려심이나 책임감도 찾아볼 수 없다. 아무리 친구들이
불편한 티를 내도 눈치채지 못하는 수영이는 자기중심적인 아이라
할 수 있다.

한편 수민이는 말이 거의 없는 조용한 아이로 반에서 아이들과 대화한 적이 거의 없다. 반 친구들과 선생님 모두 입을 모아 수민이는 최소한의 표현만 할 뿐 의견을 거의 내세우지 않는다고 말한다. 상담할 때도 담임선생님은 애가 탄다. 수민이가 자기 이야기를 거의 하지 않기 때문이다. 청자와 화자가 모두 있어야 상담이 진행되지만 담임선생님이 아무리 수민이 이야기에 귀 기울일 준비를 해도 수민이는 말할 생각이 전혀 없어 보인다. 교과 시간에도 교사-학생 또는 학생-학생 간 소통이 기본 전제이지만 수민이는 외딴섬처럼 심리적 거리를 둔 채 수업을 듣는다.

이처럼 수영이와 수민이는 소통에 어려움을 겪으며 주변 사람들과 관계를 잘 맺지 못한다. 수영이는 이기심이 두드러진 탓이고, 수민이는 자기 생각을 말로 표현하는 것에 소극적인 탓이다.

✳ 대인관계 능력이란?

국립국어원 우리말샘에서는 대인관계 능력을 '다른 사람의 생각이나 감정을 잘 이해하며 조화롭게 관계를 유지하고, 갈등이 생겼을 때 이를 원만하게 해결할 수 있는 능력'이라고 정의한다.

타인과 관계를 잘 맺으려면 공감 능력이 필요하다. 대인관계 능력은 여기에 자기 생각을 부드럽게 표현하는 능력까지 포함된다. 유아기에는 소통 대상이 주로 부모에 한정된다. 하지만 초등학교 입학 이후에는 부모와 떨어져 학교생활 중심으로 하루를 이어 나간다. 선생님과 소통하고 친구들과 다양한 상황을 함께 겪고 모둠 활동을 하며 과제를 해결해 나가는 것이다.

대인관계 능력이 서툰 아이들은 친구들과 자주 충돌한다. 문제는 대인관계 능력이 부족하면 자존감에도 악영향을 끼친다는 것이다. 친구들에게 부정적인 피드백을 받다 보면 '나는 별로야', '나는 못났어', '나는 잘하는 게 없어' 등 자신을 부정적으로 판단하게 된다. 결국 아이가 점점 자기 목소리를 내거나 의견을 당당하게 드러내지 못할 가능성이 크다.

☀ 팬데믹과 함께 시작된 소통의 어려움

첫째 아이가 39개월이 될 때쯤 코로나19가 시작되었다. 어쩔 수 없이 나, 첫째 아이, 둘째 아이가 온종일 집에 있을 수밖에 없었는데, 심지어 그때 나는 셋째를 임신해서 아이들을 제대로 돌볼 수 없었다. 첫째 아이는 또래들과 적극적으로 소통해 나가고 단짝 친구를 사귈 시기에 제대로 어울리지 못했다. 가끔 가는 어린이집에서도 부정적인 피드백을 받곤 했다.

그해 말에는 불가피하게 이사를 하며 첫째가 새로운 기관에 적응하는 상황까지 겪게 되었다. 첫째는 갈수록 등원을 심하게 거부하기 시작했다. "유치원 가기 싫어요. 유치원 무서워요. 집에서 엄마랑 같이 있을래요"라는 아이의 칭얼거림에 나는 그저 첫째가 내성적이라고만 생각했다. '내성적이라 그런 거야. 좀 더 크면 친구를 잘 사귈 수 있겠지. 아직은 팬데믹 때문에 친구들과 관계 맺는 게 서툴러서 그런 거야' 하고 넘겨짚었다.

하지만 단순하게 결론지을 문제가 아니었다. 아이는 어른들을 만나면 친근하게 다가가고 말을 잘 건네는 편이었다. 다만 또래들을 만나면 꿀 먹은 벙어리가 되었다. 즉 아이의 성격 문제로 치부할 일이 아니었다. 아이가 내성적이든 외향적이든 타인과의 소통은 살면서 꼭 필요한 능력이다. 또한 말을 유창하게 잘하고 남들 앞에 나서는 성격이든, 소극적이고 소심한 성격이든 성격은 대인관계 능력과는 큰 관련이 없다. 결국 나는 아이의 성격과 상관없이 대인관계 능력을 갖출 수 있게 가르쳐야겠다는 생각에 이르렀다.

이를 위해 나는 아이가 꼭 해야 할 말을 자연스레 꺼낼 수 있게 알려 주기로 했다. 팬데믹이라는 특수성이 있었지만 아이의 부족한 부분을 채워 주기 위해 많은 노력을 기울였다. 예를 들어 엘리베이터에서 이웃을 만나면 "안녕하세요?"라고 인사하고, 아무리

사소한 도움이라도 받고 나면 상대방에게 "감사합니다"라고 말할
수 있도록 가르쳤다. 기관에서는 선생님의 도움이 필요할 때 엄마
인 내가 연락해서 도움을 요청하기보다 아이가 선생님께 직접 말
할 수 있게 용기를 북돋아 주었다.

소통 능력을 길러 주고 있는가?

아이를 키우면 일상이 바쁘다. 돌아서면 식사 준비, 돌아서면 청소,
돌아보면 빨래 등 집안일이 끝없이 이어진다. 아이들이 집에 오면
공부도 봐줘야 하고 자기 전 양치질은 물론이거니와 그림책 읽기
도 소홀히 할 수 없다. 이렇듯 바쁜 일상에서도 아이가 친구나 주
변 어른들과 잘 소통하는지 한번 생각해 보자. 아이가 어려서 서툴
수는 있지만 막연히 '크면서 나아지겠지!' 하는 마음보다는 신경
쓰면서 양육하면 점점 좋아질 것이다. 다음 질문에 대해 곰곰이 생
각해 보자.

- 아이가 낯선 어른을 만나도 자기 생각을 잘 이야기하는가?
- 아이가 아는 사람이든 모르는 사람이든 누군가를 만나면 인사를 잘하는가?

- 아이가 어른에게 존댓말을 잘 쓰고 있는가?

- 기관에서 함께 논 친구들에 대해 자연스럽게 이야기해 주는가?

- 놀이터나 체험터에서 주변에 있는 또래 아이들의 행동에 관심을 가지는가? 자연스럽게 어울릴 때도 있는가?

05

육아의 기본을
교과서에서 찾다!

❋ 자기 장단점을 술술 적는 아이

학기 초 어느 날, 한 학급에서 도덕 수업을 하면서 자기 장단점을
도덕 교과서에 직접 적어 보게 했다. 교과서의 한 페이지에는 장점
과 단점을 각각 세 가지씩 적는 칸이 큼지막하게 마련되어 있었다.

교실을 돌아보며 아이들이 잘 적고 있는지 살펴보는데 한 아이
가 장점뿐 아니라 단점까지 거침없이 적어 내려갔다. 그러고는 손
을 높이 들고 "선생님, 저 장점이랑 단점을 세 개 이상 적어도 돼
요?"라고 물었다. "그럼, 많이 적을수록 좋지. 빈칸에 추가로 적어
도 된다." 나는 이렇게 대답하고 교실을 마저 돌아보았다.

하지만 어떤 아이는 이와 다르게 15분이 다 되어 가도록 장점 하나를 적지 못해 끙끙 앓고 있었다. 놀랍게도 자기 장단점을 제대로 적지 못한 학생은 그 아이뿐만이 아니었다. 한 반에 네다섯 명은 교과서의 해당 활동 부분이 텅 비어 있었다. 아이들은 논다고 안 쓴 게 아니라 진지하게 고민하고 있었다. 즉 안 적은 게 아니라 못 적은 것이다. 그 장면이 유독 인상 깊게 다가왔다.

✳ 내 아이는 장단점을 스스로 잘 파악하고 있을까?

그날 집에 와서 당시 일곱 살이던 첫째에게 물었다. "슬아, 너는 평소 잘하는 거나 칭찬받을 만한 게 있어? 그리고 생각이나 행동 중에 고쳤으면 하는 것도 있니?" 그러자 첫째는 이렇게 대답했다. "엄마, 나는 정해진 시간에 밥을 잘 먹고 줄넘기를 잘해요! 근데 어떨 때는 친구나 엄마가 속상해하는 말을 해요. 그건 고치고 싶어요. 근데 이거 말고는 잘 모르겠어요. 엄마, 나는 뭘 잘하고 뭘 고쳐야 해요? 알려 주세요."

'아, 우리 아이도 장단점을 많이 파악하지는 못하고 있었구나' 하고 깨달음을 얻은 순간이다. 그날의 도덕 수업이 아니었다면 나는 아이들에게 이런 걸 물어볼 생각조차 못했을 것이다. 교실에서 자기 성격을 거침없이 적어 내려가는 아이들을 다시 떠올리니 멋있게 느껴졌다. 그리고 우리 아이들도 청소년기에는 그 아이들처럼 자신을 제대로 파악하고 장단점을 술술 적을 수 있으면 좋겠다는 생각이 들었다.

시간이 흐르면서 내 육아 방향은 자연스레 그쪽으로 정해졌다. '내가 가르치는 도덕 교과서에 우리 집 세 아이에게 가르쳐야 할 중요한 내용들이 고스란히 담겨 있구나. 육아의 정답은 딴 데 있지 않았어. 앞으로도 지금껏 해왔듯이 도덕 교과서를 제대로 살펴보자.' 이런 생각을 한 이후로 나는 휘청휘청 흔들리는 엄마에서 육아의 기본을 찾은 엄마로 점차 바뀌었다.

이후 나는 수업 준비를 할 때마다 도덕 교과서를 더욱 열심히 살폈다. 교과서를 한 장 한 장 넘겨 가며 그 속에 담긴 핵심 가치를 삼 남매에게 어떻게 하면 어렵지 않게 잘 심어 줄지 구체적인 방법을 고민하는 날이 이어졌다. 한편으로는 이런 시도가 처음이라 막막했지만, 또 한편으로는 육아에 점점 자신감이 붙기 시작했다. 육아의 기본이 생각보다 가까이에 있었고, 심지어 명확하고 간단하다는 점이 큰 위안으로 다가왔다.

✳ 초등학교·중학교 도덕과 교육과정

이쯤에서 도덕 교과서를 살펴보도록 하자. 초등학교·중학교 도덕 교과서는 자신과의 관계, 타인과의 관계, 사회·공동체와의 관계, 자연과의 관계를 중심으로 핵심 가치를 다룬다. 그리고 성실, 배려, 정의, 책임을 인생의 중요한 가치로 내세운다. 따라서 나는 세 아이가 초등학교에 들어가기 전까지 이러한 가치를 일상에서 엄마인 나에게 잘 배우고 자연스럽게 실천할 수 있기를 바랐다.

도덕 교과서에서 다루는 핵심 가치

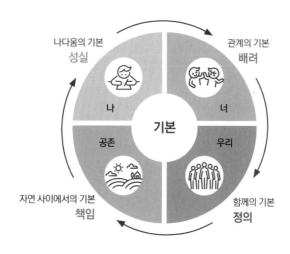

핵심 가치의 주요 내용

내용 체계	내용
자신과의 관계	• 핵심 가치 : 성실 • 주요 내용 : 인내하며 최선을 다하는 삶, 목표와 계획을 세우고 실천하기, 시간을 아껴 쓰기, 긍정적인 마음
타인과의 관계	• 핵심 가치 : 배려 • 주요 내용 : 행복한 가정, 참된 우정, 이웃 간의 예절, 타인 공감, 성에 대한 편견 극복, 나눔과 봉사
사회·공동체와의 관계	• 핵심 가치 : 정의 • 주요 내용 : 함께하는 마음, 서로 다른 문화 존중, 바르게 판단하기, 나라를 사랑하는 마음, 인권 존중, 공정한 생활
자연과의 관계	• 핵심 가치 : 책임 • 주요 내용 : 생명 보호, 절약, 아껴 쓰는 방법, 자연의 소중함

　　나는 날이 갈수록 가지치기를 하듯 육아에 불필요한 것들을 치워 나가고 육아의 중심을 견고하게 세웠다. 그리고 아이들이 몸과 마음이 건강한 독립된 인격체로 잘 살아가려면 가정에서 무엇을 가르쳐야 하는지 구체적인 방법을 업그레이드했다. 이렇듯 도덕 교과서에 기초한 기본 육아 방법을 이 책에서 상세히 소개하도록 하겠다.

06

기본 육아,
지금 당장 시작할 수 있다!

✳ 삶의 기본에 집중하면 얻을 수 있는 효과

실제로 기본 육아에 집중했더니 나는 아이를 제대로 키워야 한다는 부담감에서 벗어나 육아에 자신감을 얻었다. 그리고 어느새 여유를 가지고 아이 성장을 기다리며 진심으로 격려할 줄 아는 엄마가 되었다.

엄마인 내가 변하자 세 아이도 일상을 긍정적으로 보내면서 즐겁고 행복해하는 순간이 늘어났다. 최소한의 기본 가르침 속에서도 아이들의 자존감은 조금씩 커지고 있었다. 기본을 잘 가르치면 아이는 자신이 어떤 사람인지 이해하고 감정과 생각을 구체적인 말로 표현할 수 있게 된다. 또 자신의 부족한 부분을 잘 알고 겸손한 태도를 가지며 적극적으로 개선하고자 한다. 이를 바탕으로 주변 사람들과 원만한 관계를 맺으며 몸과 마음이 건강한 아이로 자라게 되는 것이다.

우리 아이들이라고 절대 완벽하지 않다. 모든 아이는 미완성이다. 다만 모난 돌이 세찬 바람에 조금씩 깎이며 언젠가는 둥글둥글한 자갈돌이 되듯이, 우리 아이들도 기본적인 배움을 통해 마음속 뾰족한 부분들을 매끄럽게 다듬으며 더욱 단단하고 둥글둥글한 사람으로 성장해 가고 있다.

다음 장부터는 내가 삼 남매의 마음을 둥글고 단단하게 만들기 위해 시도했던 일상의 노력을 차근차근 풀어내겠다. 2장은 주체적인 삶을 위해 '성실'이라는 기본을 익히고 일상에서 삶의 주도권을 가지는 방법을 구체적으로 안내한다. 3장은 가족, 친구, 이웃과 함께 살아가는 세상에서 '배려'라는 가치를 쉽게 익히는 방법을 도덕 교사인 엄마와 세 아이의 일상을 중심으로 전개한다. 4장은 아이가 공동체 속에서 '정의'라는 가치를 쌓고 이를 실천하는 데 필요한 자질과 공동체 일원으로서 바르게 성장하도록 돕는 방법을 제시한다. 5장은 자연과 공존하는 미래형 인재가 되기 위해 길러야 할 '책임'이라는 기본을 가르치고 생태적 사고를 유도할 수 있는 구체적인 방법을 안내한다.

✳ 힘 빼는 육아의 방법을 알아가는 시간이 되길

수학은 문제를 푸는 방법이 어느 정도 정해져 있고 답도 정확하다. 하지만 육아는 어떻게 푸는지도 모르겠고 어떨 때는 답이 없는 것 같아 막막할 때가 많다. 그야말로 열린 질문이다.

나는 조금이라도 덜 후회하는 육아를 위해 노력해 왔다. 아이가 스스로 세상을 살아갈 힘을 얻고 성인이 되면 부모라는 둥지에서 훌훌 벗어나 세상으로 담대하게 나아갔으면 한다. 아쉬움이 남지 않는 때는 없다. 지금도 아이들이 한두 살이었을 때를 떠올리다 보면 '조금 더 너그러운 엄마가 될걸' 하는 아쉬움이 든다. 중요한 것에 하이라이트를 켜고 부수적인 것은 덜어 낼 줄 아는 엄마가 되어야 했는데 너무 많은 것을 꽉 쥐고 굳히려고 했다.

나는 이 책을 읽은 부모들이 중요한 알맹이만 손에 꼭 쥐고 기억에도 남지 않을 작은 모래 알갱이들은 스르르 덜어 내는 '힘 빼는 육아'를 할 수 있었으면 좋겠다. 지금부터 세 아이의 엄마인 내가 일상에서 중요한 인생 가치를 아이에게 어떻게 심어 주었는지 함께 따라가 보자.

2장

성실:
나다움을 위한
기본 소양

아이는 왜 물건 정리를 안 할까요?

오늘도 한숨으로 정리를 시작한다. 두 살 터울의 첫째와 둘째를 키우면서부터 거실은 순식간에 엉망진창으로 어질러지곤 했다. 전날 밤잠을 설치면서 거실, 놀이방, 주방까지 정리하고 바닥도 물티슈로 박박 닦아 청소했지만, 다음 날 아침이면 두 아이는 다시 온 집을 장난감 천국으로 만들고 말았다. 이때부터 육아 스트레스가 극에 달해 첫째를 자주 혼냈다.

"슬아, 네가 가지고 논 거잖아. 근데 이렇게 어질러놓고 가버리면 어떡해? 이거 다 엄마보고 치우라는 거야?" "제발 놀고 나면 알아서 치우면 안 될까? 엄마가 따라다니면서 치워 줘야 해?" 이 같은 말을 첫째가 유치원에 다닐 때부터 끊임없이 했던 것 같다.

어느 날은 첫째가 이렇게 대답했다. "엄마, 근데 왜 매일 나랑 별이만 정리해요? 결이가 한 것도 우리가 정리해야 해요? 왜 그래야 해요?" 내 대답은 이랬다. "결이는 어리잖아. 아직 뭘 정리하지 못해. 너희가 좀 도와줘. 어린 동생이 보고 배울 수 있게."

그때까지 나는 막내에게는 굳이 정리를 시키지 않았다. 늘 어리게 보기도 했고 아직 정리를 할 줄 모르는 나이라고 생각했기 때문이다. 하지만 이 생각은 어린이집 부모 참관수업에 간 날 어린이집 선생님의 말에 180도 바뀌었다. "어머니, 결이 정리 정말 잘해요. 우리 반에서 제일 정리를 잘한답니다. 시키지 않아도 알아서 장난감 정리를 할 때도 많아요. 친구 장난감 정리도 자발적으로 도와주고요."

나는 그날 큰 충격을 받았다. 우리 집에서는 항상 첫째와 둘째만 정리 담당이었는데 어린이집에서는 다른 모습을 보이는 셋째 이야기를 들으니 현실이 달리 보이기 시작했다.

✳ 아이가 물건 정리를 하지 않는 이유

그날부터 아이가 물건 정리를 하지 않는 이유를 곰곰이 생각해 보았다. 내가 내린 결론은 다음과 같다. 첫 번째 이유는 아이에게 정리를 가르치거나 독려한 적이 없기 때문이다. 일상은 참 바쁘게 돌아간다. 육아하는 부모도 하루하루를 워낙 정신없이 보내다 보니 아이에게 정리를 시킬 여유 시간이 없다. 실제로 '그냥 내가 하고 말지'라는 생각으로 부모가 나서서 정리를 다 할 때가 많다. 거실과 놀이방이 엉망이어도 아이들을 씻기고 재우는 게 우선이니 아이들을 급히 재우고 나서 늦은 밤에 부모는 두 가지 안을 두고 고민한다. '장난감을 정리하고 쉰다'와 '어차피 내일도 엉망이 될 테니 그냥 내버려 둔다'이다.

그 어떤 걸 선택하더라도 스트레스는 이어진다. 정리하고 쉬면 꿀맛 같은 자유 시간이 사라져서 속상하고, 그대로 내버려 두면 집이 너저분한 걸 볼 때마다 스트레스를 받는다. 문제는 이런 패턴을 최대 몇 년간 반복한다는 것이다. 그 사이 아이는 정리할 줄 모르는 사람으로 자란다. 그러고 나서 초등학생쯤 되면 부모에게 이런 소리를 듣는다. "너는 왜 네가 머문 자리를 정리할 줄도 몰라? 이거 네가 쓴 거잖아. 그런데 왜 안 치워?" 아이 입장에서는 정말 황당할 수밖에 없다.

학교에는 자기 물건을 제대로 정리할 줄 모르는 아이가 정말 많다. 학교에서도 아이들은 책상 위, 책상 서랍, 가방, 사물함 등 자기만의 공간을 얻는다. 그럼에도 자기 공간을 제대로 활용할 줄 모르고 물건을 잃어버리기 일쑤이며 교과서마저 어디에 넣었는지 몰라서 찾는다고 시간을 허비하는 게 일상다반사다. 그래서 중학생 아이에게 하나부터 열까지 가르쳐야 했던 적도 있다.

아이가 물건 정리를 하지 않는 두 번째 이유는 자기 공간에 대한 주인 의식이 약하기 때문이다. 요즘은 아이 공간을 미리 예쁘게 꾸며 주는 부모가 많다. 하지만 아이는 그 공간이 자기 공간이라고 인식하지 못한다. 아직 어리기 때문이기도 하고 공간을 꾸밀 때 주도적으로 참여하지 않았기 때문이다. 그래서 주인 의식을 가지지 못한 채 정리는 부모 몫이 된다.

곰곰이 생각해 보면 공용 공간은 쉽게 더러워진다. 누구 하나 신경 쓰지 않으면 물건이 어질러져 있거나 더러운 게 묻어도 깨끗이 닦는 사람을 찾기 힘들다. 집에서는 식탁 위, 거실 소파 위, 소파 테이블, 화장실 등이 바로 그런 공간이다. 함께 쓰는 공간에서는 책임 의식이 쉽게 옅어진다는 점만 봐도 공간에 대한 책임 의식이 매우 중요하다고 할 수 있다.

자녀 코칭 포인트 물건 정리를 가르치는 방법

그렇다면 아이가 물건을 잘 정리할 수 있게 가르치는 방법은 무엇일까? 일상에서 실천할 수 있는 방법은 다음과 같다.

① 아이 곁에서 함께 정리하기

여기서 포인트는 '함께' 정리하는 것이지 '정리를 해주는 것'이 아니다. 정리의 주체는 당연히 아이여야 한다. 어른은 아직 제대로 정리할 줄 모르는 아이 곁에서 힌트를 준다든가 정리 순서를 알려 주면 된다.

예를 들어 나는 아이들이 보는 앞에서 대걸레로 바닥에 있는 물건을 가운데로 쓸어 모은 다음 아이들에게 이렇게 설명한다. "얘들아, 바닥에 물건이 많을 때는 이렇게 물건을 한곳으로 먼저 모아야해. 자, 그럼 먼저 주방 놀이 소품부터 골라서 갖다 놓아 볼까?"

아이들이 정리 순서를 차근차근 익힐 수 있게 침착함을 유지하며(이 부분이 정말 중요하다) 설명해 주는 게 핵심이다. 적어도 초등학교 입학 전까지는 곁에서 정리하는 것을 도와야 한다. 악기를 잘 다루는 아이와 그렇지 못한 아이가 있는 것처럼 정리도 잘하는 아이와 못하는 아이가 있다. 따라서 정리 또한 '차근차근 가르쳐야할 영역'이다.

② '보물 서랍' 만들어 주기

4~5세가 되면 아이들에게 작은 물건이 많이 생긴다. 엄지손톱만 한 반지를 들고 다니기도 하고 새끼손톱만 한 비즈 구슬을 친구가 줬다며 소중히 다루기도 한다. 아이들은 그런 물건을 어디다 둘

지 모르고 결국 부모가 서랍에 넣어 놓거나 조용히 처분한다.

하지만 아이에게 소중한 물건일수록 잘 보관해야 한다는 점을 알려 줘야 한다. 부모는 그저 보관할 장소, 즉 보물 서랍을 한 군데 정도 마련해 주면 된다. 잃어버리더라도 그건 제대로 정리하지 못한 아이의 탓이다. 이렇게 보물 서랍을 마련하면 부모는 신경 쓸 일이 훨씬 줄어들고 아이는 소중히 여기는 물건을 스스로 관리하며 자부심을 느낄 수 있다.

우리 집의 아이들 놀이방에는 5단 서랍장이 있다. 어느 날 아이마다 서랍 한 칸씩 마련해 줘야겠다는 생각이 들어 장난감을 정리해 빈 서랍 두 칸을 확보했다. 그리고 왼쪽 칸은 첫째의 보물 서랍, 오른쪽 칸은 둘째의 보물 서랍이라고 말하며 소중한 물건이 생기면 여기에 담으면 된다고 이야기해 주었다. 그때부터 아이들은 온갖 물건을 다 들고 와서 보물이라며 담았다.

한 달쯤 지났을까? 보물 서랍이 터져 나갈 줄 알았는데 신기하게도 아이들이 먼저 문제 해결의 필요성을 느꼈다. "엄마, 보물 서랍이 꽉 차서 너무 불편해요. 친구가 준 구슬을 꺼내고 싶은데 못 찾겠어요. 도와주세요."

그때 나는 한 가지 제안을 했다. "그럼 소중한 건 남기고 나머지는 정리하면 어떨까?" 아이들은 내 의견에 동의하며 놀이방 바닥에 앉아 서랍 속 물건들을 하나하나 다 꺼냈다. 그리고 각자 자기만의 기준으로 물건을 절반 가까이 줄였다. 주도성을 아이들에게 넘겨주자 일어난 놀라운 변화였다.

이처럼 아이들은 필요한 일이 생기면 알아서 움직인다. 그러니 아이 물건을 손에 쥐고 "이거 버릴까?" 하고 묻지 말자. 정리하기에 애매한 물건이 생기면 한마디만 하면 된다. "이건 보물 서랍에 넣는 게 좋을 것 같은데?" 그 말을 들은 아이는 곧장 그 물건을 들고 보물 서랍으로 달려갈 것이다.

여기서 또 하나 강조하자면 보물 서랍과 같이 중요한 공간에는 꼭 이름을 지어 줘야 한다. 아이와 이야기를 나눌 때 명칭을 명확하게 불러야 대화가 수월하게 전개되기 때문이다. 또한 아이는 소중히 여기는 물건을 보물로 불러 주니 부모를 존중하게 되고 정리에 대한 의견을 자신 있게 말할 수 있다.

③ '작품 서랍' 만들어 주기 _____

집에서 만든 각종 그림과 종이접기 작품, 기관에서 만들어 온 큼지막한 미술 작품까지 아이들의 작품은 날이 갈수록 쌓이기만 한다. 처음에는 집 안 한쪽 벽을 깨끗하게 비워서 그곳에 아이들의 작품을 붙여 주었다. 아이들의 자존감도 높이고 허전한 벽을 손때 묻은 작품으로 전시해 두면 보는 내내 행복할 것 같았다.

하지만 작품이 너무 많아지자 도저히 감당할 수 없었다. 일단 집 안이 산만해졌고 아이가 자기 작품을 죄다 전시해 달라면서 정리의 주도권을 엄마인 내게 자연스레 넘기고 있었기 때문이다. 이 일을 어떻게 해결하면 좋을지 고민하다가 아이디어가 하나 떠올랐다. 보물 서랍 아래의 서랍 두 개를 비워서 두 아이의 '작품 서랍'으로 만들어 주는 것이다.

우선 가족회의를 통해 아이들 작품 중에 벽에 걸 만한 것 한두 점만 추렸다. 그리고 아이들이 작품을 만들고 나서 애착을 보일 때 "이거 어떻게 정리할 거니?", "소중한 작품이면 서랍에 넣어 놓을래?"와 같은 말을 꺼내면서 집 안에 모두 전시할 수 없으니 바로 버릴 만한 것 외에는 자기 작품 서랍에 넣어서 정리하라고 아이에게 이야기해 주었다.

이렇게 알려 주면 아이가 정리 방법을 스스로 정하기 때문에 정리의 주도권이 아이에게 넘어간다. 이후 작품 서랍이 가득 차기 시작해 여닫는 게 힘들어지면 아이들은 부모에게 도와달라고 말할 것이다. 그때도 보물 서랍과 마찬가지로 아이가 자발적으로 정리할 수 있게 가르쳐 주면 된다.

④ 공용 공간은 함께 정리하기 _____

학교 청소 시간에 보면 자신이 맡은 구역뿐 아니라 다른 친구들이 맡은 구역까지 묵묵히 청소하는 아이들이 있다. 하지만 대부분의 아이들은 "내 자리만 정리하면 안 돼요?"라고 자주 묻는다.

물론 내가 쓴 물건과 내 자리부터 정리하는 것이 맞다. 하지만 공용 공간에서 내 것만 정리한다는 건 배려심이 다소 부족한 행동이다. 특히 여러 사람이 돌아가면서 쓴 물건은 누가 치워야 할까? 누구나 내 물건과 내 자리만 정리한다면 그 물건은 영원히 제자리에 가지 못할 것이다.

따라서 아이가 내 것뿐 아니라 타인의 물건과 공용 공간도 함께 정리하고 청소할 수 있도록 가르쳐야 한다. 집에서부터 함께 정리하는 분위기를 만들어 놓으면 아이는 자연스레 공감 능력, 배려심, 봉사 정신을 기를 수 있다.

> 생활 습관에 대한 성찰을 통해 자기 생활을 점검하고 올바른 계획을 세워 이를 실천한다.
>
> – '도덕과 교육과정 [초등학교] (1) 자신과의 관계 성취기준'에서 발췌

핵심은 가정에서 어릴 때부터 자기 물건을 꼼꼼하게 정리하는 습관을 길러야 한다는 것이다. 중요한 생활 습관에 대한 성찰은 정리에서 시작된다.

02

아이가 사소한 거짓말을
계속해요

어느 날 둘째의 유치원 가방을 함께 정리하다가 가방 앞주머니에서 낯선 액세서리를 발견했다. 처음 보는 건데 무엇이냐 물었더니 둘째는 이렇게 대답했다. "사실은… 그거 유치원 복도에서 주웠어요. 아무도 없어서 내가 주워서 집에 들고 왔어요. 예쁘지 않아요?" 그 말을 듣고 나는 무척 당황했다. 주인을 찾아 줘야 할 물건을 아이가 아무렇지 않게 가방에 넣어서 집으로 들고 온 것이다.

"별아, 그럴 땐 이 물건을 선생님께 드려야 해. 복도에서 주웠으니 주인을 찾아줘야겠지? 이걸 잃어버린 친구의 마음은 어떨까? 그 친구의 마음을 생각해야지." 이렇게 타이르자 아이는 "그럼 내일 선생님께 가서 이거 복도에서 주웠다고 말하면서 보여 주고 주인을 찾아달라고 말할게요. 사실은 너무 예뻐서 들고 왔어요. 이젠 안 그럴게요"라고 대답했다. 다행히 둘째의 일은 잘 마무리되었다.

✻ 아이의 거짓말에 숨어 있는 속사정

또 어느 날은 첫째가 식사 후에 낯선 노래를 열심히 불렀다. 가사가 어째 좀 이상했지만 아이는 2절까지 있다면서 비슷한 멜로디로 불렀던 노래를 계속 우렁차게 불렀다. 그런데 석연치 않은 점이 있었다. 부를 때마다 가사가 계속 바뀌었고 가만히 들어보니 유치원에서 부를 법한 노래가 아니었다. 그래서 아이에게 물었다.

🧑 "슬아, 그 노래 유치원에서 부르는 노래 맞아?"

👧 "맞아요! 유치원에서 이번에 노래대회가 있는데 상 타고 싶어서 열심히 연습하는 거예요."

🧑 "그런데 어째 가사가 좀 이상한데…. 진짜 유치원에서 불렀던 노래 맞아? 엄마가 유치원 선생님께 지금 전화해서 확인 좀 해봐도 될까?"

👧 "그러지 마세요. 선생님께 내가 연습하는 거 비밀로 해주세요. 이유는 다음에 말해 줄게요."

이상하다 싶어서 몇 번 질문을 하다 아이에게 솔직하게 이야기 해달라 말하니(사실은 언성을 좀 높였다) 아이는 결국 속마음을 털어놓았다. "엄마 칭찬을 받고 싶었어요. 엄마는 내가 노래를 잘 부르면 웃으면서 칭찬해 주잖아요. 그게 좋아서 노래대회가 있다고 말하고 연습한 거예요."

엄마에게 칭찬받고 싶은 마음이 커져 엉성한 거짓말을 했고, 그 거짓말이 꼬리에 꼬리를 물고 이어진 것이다. 아이가 이런 마음이 었으리라 차마 예상하지 못했기에 아이의 말을 듣고 많은 생각이 들었다. 일단 아이가 거짓말을 했다는 사실이 큰 충격이었고 한편으로는 화가 나기도 했다. 나는 안방으로 자리를 피한 다음 무슨 말을 해줘야 할지 생각을 정리했다. 그러고 나서 다시 식탁에 앉아 아이와 이야기를 이어 갔다.

"슬아, 엄마는 네가 칭찬받고 싶어서 그런 말을 했다는 것에 솔직히 좀 놀랐어. 그동안 엄마한테 칭찬을 못 들어서 많이 속상했겠네. 그런데 네가 없는 노래대회를 있다고 말한 건 거짓말이야. 엄마는 그래서 오늘 정말 속상해. 슬이가 엄마에게 '요즘 칭찬을 많이 안 해줘서 속상해요. 나도 잘하는 게 있으면 많이 칭찬해 주세요'라고 말해 주었다면 더 좋았을 텐데. 그렇게 표현하는 게 아직은 힘들지? 앞으로는 엄마가 슬이의 장점을 많이 칭찬하고 또 응원할게! 엄마는 무언가를 잘하는 사람보다는 정직한 아이가 더 멋져 보여."

혼날까 봐 두려워하며 눈물을 뚝뚝 흘리던 아이는 눈물을 그치고 바로 내 이야기에 집중했다. 칭찬받고 싶은 마음이 속에 꽉 들어찬 아이 같아 보였다. 얼마나 칭찬받고 싶었으면 있지도 않은 노래대회를 지어내서 열심히 연습하는 모습을 보여 주려고 했을까. 아이의 마음을 한 번 더 헤아리는 계기가 되었다.

자녀 코칭 포인트 아이의 거짓말을 속마음을 들여다보는 기회로 삼자

어린아이의 거짓말은 사실 눈에 빤히 보인다. 아이를 키우다 보면 누가 봐도 있지도 않은 사실을 태연하게 말하는 경우를 종종 보곤 한다. 이때 많은 부모가 "진짜야 아니야? 엄마가 확인한다? 지금 거짓말한 거야? 엄마한테 거짓말을 하면 어떡해!" 하고 잘잘못을 정확히 따지려 할 것이다.

나도 이렇게 아이에게 다그쳐 묻던 적이 있다. 거짓말이 습관이 될까 봐 걱정되었기 때문이다. 하지만 앞서 이야기한 첫째를 혼냈던 날에 눈물을 뚝뚝 흘리는 아이를 물끄러미 바라보며 마음을 고쳐먹었다. 아이가 거짓말을 하는 날은 아이의 속마음을 알아챌 기회가 찾아온 날이라고 생각하기로 했다.

아이들이 거짓말을 하는 이유는 인정받고 싶다거나 혼나지 않기 위해서거나 더 많은 것을 가지고 싶어서 등등 다양하다. 따라서 아이의 거짓말에 숨어 있는 마음을 살펴보고 부모와 자녀 관계를 돌아보는 여유를 가질 필요가 있다.

① 아이가 거짓말할 때 대처법

아이가 너무 뻔한 거짓말을 할 때는 이런 시간을 가져보는 건 어떨까?

첫째, 아이가 정직하게 이야기하는지 계속 시험하기보다는 부모로서 느낀 마음을 "네 노래를 들어보니 유치원에서 부를 법한 가사가 아닌 것 같고 이상한 것 같네. 그렇지만 엄마는 슬이에게 직접 이야기를 듣고 싶어. 이야기해 줄 수 있을까?"와 같이 솔직하게 이야기한다.

둘째, 거짓말은 잘못임을 강조하고 다음부터는 솔직하게 말해주었으면 좋겠다는 기대를 적극적으로 표현한다. 그리고 아이가 정직하게 말했을 때는 그 부분을 정확하게 짚어서 다음과 같이 격려해 준다. "아무리 엄마를 기쁘게 하려는 마음이었다고 하더라도 거짓말은 옳지 않아. 거짓말을 했더라도 진실을 말해서 고치면 돼. 엄마는 네가 솔직하게 이야기한다면 용기를 냈다는 걸 알 수 있으니까."

셋째, 아이의 마음에 공감해 주고 육아의 방향이 올바른지 돌아보는 계기로 삼는다. 즉 아이와 정서적으로 안정된 관계를 맺고 있는지, 그동안 아이를 너무 부정적으로 바라보지 않았는지, 또 아이의 실수를 확대해석하지 않았는지 되새겨 보는 것이다.

② 아이가 거짓말하는 이유

아이의 거짓말은 상대방 입장을 고려해 혼나지 않으려고 나오는 경우가 대부분이다. 하지만 의도적으로 나쁜 거짓말을 하지 않게 부모는 아이가 어릴 때부터 정직의 가치를 심어 줘야 한다. 상대방의 마음을 상하지 않게 하면서 원하는 것을 누리기 위한 방편으로 거짓말을 하는 것은 아닌지 아이의 말과 행동을 잘 살펴보자.

교육심리학자인 장 피아제Jean Piaget의 이론에 따르면 4~7세 아이들은 타율적 도덕성을 가지고 있어 선의의 거짓말을 잘 이해하지 못한다. 따라서 어린아이에게 해도 될 거짓말과 하면 안 될 거짓말을 융통성 있게 설명하기가 쉽지 않다. 그래서 거짓말은 옳지 않으니 아예 하지 말라고 가르치면서 특히 절대 해서는 안 될 거짓말을 했을 때는 아이 수준에 맞게 이야기해 주면 된다.

거짓말이라는 부정적 표현보다는 긍정적 표현인 정직이나 솔직함을 사용하면서 진실한 말과 행동을 할 수 있도록 알려 줘야 한다. 예를 들어 "엄마는 네가 거짓말 하지 않았으면 좋겠어"보다는

"엄마는 네가 솔직하게 말했으면 좋겠어"라는 표현이 더 좋다.

> 정직의 의미를 알고 모범적인 사례를 탐색하여 바르게 행동하려는 태도를 기른다.
>
> — '도덕과 교육과정 [초등학교] (1) 자신과의 관계 성취기준'에서 발췌

우리 예상과 달리 비도덕적인 언행을 하고서도 태연하게 거짓말을 하는 초중학생이 많다. 이에 대한 경각심을 가질 수 있게 어릴 때부터 아이에게 의견을 솔직하게 말하는 태도를 강조하자.

03

아이에게 시간을

어떻게 알려 주죠?

❋ 시간 개념이 중요한 이유

학교는 단체 생활이고 시간표에 따라 움직이기 때문에 아이가 시간 개념을 얼마나 잘 가지고 있느냐에 따라 단체 생활에 적응하는 정도가 다를 수 있다. 즉 어릴 때부터 집에서 시간 개념을 잘 익혀 두면 단체 생활을 미리 준비할 수 있고, 학교에 적응하는 데도 큰 도움이 된다.

학교에는 매일 밥 먹듯 지각하는 아이가 있는가 하면, 교실에 일찍 와서 해야 할 일을 차분하게 준비하는 아이가 있다. 쉬는 시간 종이 울리면 화장실부터 다녀오는 아이가 있는가 하면, 수업을 시작한 지 5분도 안 돼서 화장실을 가겠다고 말하는 아이도 종종 있다. 이처럼 아이마다 5분, 10분을 조절하는 능력이 제각각이다. 그래서 나는 우리 아이들이 시간 개념을 갖출 수 있기를 바랐다.

하지만 기대와 달리 첫째와 둘째는 시간에 대한 인식이 서로 달랐다. 우선 첫째는 행동이 느리고 느긋한 성격이다. 아침잠도 많은 터라 매번 깨워야 일어나고 밥도 빨리 먹으라고 재촉해야 겨우 한 숟가락 떠먹는다. 하지만 집중력이 좋아서 뭔가를 하면 깊게 몰두한다. 책을 읽으면 주변에서 서너 번 이름을 불러도 잘 듣지 못할 정도다. 행동 전환도 느긋한 편이다. 그림을 그리다가 외출 준비를 해야 하면 아이는 색연필을 손에서 놓지 못한다. 집중하던 일을 꼭 마무리 짓고 싶어 하기 때문이다.

처음에는 아이들은 다 이런 성향일 줄 알았다. 하지만 둘째를 낳아 보니 첫째와는 또 달랐다. 하던 일이 있어도 외출해야 한다고 하면 둘째는 만사를 제쳐 두고 씻고 옷을 입었다. 즉 둘째는 일의 우선순위를 정할 줄 아는 유형이다.

자녀 코칭 포인트 타이머 활용 및 시간 개념 가르치기

두 아이에게는 하고 있던 일에 깊게 몰두하되 특정한 시간이 되면 하던 일을 멈추고 다음 행동으로 전환할 수 있는 능력을 심어 주는 과정이 필요했다. 즉 아이의 몰입을 방해하지 않으면서도 정확한 시간 개념을 가질 수 있도록 가르쳐야 했다.

① 타이머 활용하기

우리 집 식탁 위에는 뽀모도로 타이머가 하나 있다. 이 타이머는 시간을 설정하면 경과 시간만큼 분침에 따라 시계 방향으로 배경색이 달라진다. 시간의 흐름이 눈에 잘 들어오기 때문에 행동 전환 속도가 느리거나 마감 시간이 없으면 속도가 느린 아이에게 종료 시각을 알려 주는 역할을 톡톡히 한다. 사실 이 타이머가 있다고 해서 아이의 행동이 금방 빨라지지는 않을 것이다. 행동이 느린 아이들은 마감 시간이 있어도 처음에는 별 소용이 없다. 하지만 엄마인 내가 마음을 다잡기에 더없이 좋았다.

밥을 잘 먹지 않는 아이가 천천히 밥을 먹으면 나는 종종 화를 내며 아이에게 그 감정을 고스란히 표출하고 말았다. 그럴 때 타이머가 필요하다. 우선 30분으로 시간을 설정하고 타이머를 아이가 잘 볼 수 있는 위치(주로 정면)에 세워 둔 채 식사를 시작한다. 나는 식사 시간 동안 "밥 좀 얼른 먹어", "지금 밥 먹기 시작한 지 10분 지났어"와 같은 말은 꺼내지 않았다. 다만 식사 종료 10분 전에는 "이제 10분 동안만 더 먹을 수 있어. 알람이 울리면 식판 치워야 해. 알겠지?"라고 말했다. 그리고 30분이 지나서 종료음이 울리면 아이가 자기 식판을 싱크대에 직접 가져다 놓게끔 루틴을 만들었다. 이 행동을 식사할 때마다 반복했더니 나와 아이의 갈등이 현저히 줄어들었다.

② 시간 개념 가르치는 법

어렸을 때부터 아이에게 시계를 가르치려는 부모가 많지만 시간을 알려 주는 건 생각보다 굉장히 어렵다. 시간에는 많은 연산 과정이 포함되어 있기 때문이다.

세 원에 각각 시, 분, 초가 표시된 유아용 시계도 있었지만 활용도가 금방 떨어졌다. 아직 시, 분, 초 개념을 모르는 아이에게 여러 숫자가 복잡하게 표시된 시계가 눈에 들어올 리 없었기 때문이다. 오히려 나는 원론적인 방법을 썼다. 초까지 욕심내지 않고 분으로만 가르쳤다. "엄마는 긴바늘 5가 되면 나갈 거야. 알겠지?", "우리는 긴바늘 12까지 박물관에 가야 해. 그럼 지금 몇 칸 남았어? 얼른 준비하자." 이런 식으로 알려 주는 것이다. 시계만 있다면 일상에서 쉽게 활용할 수 있는 방법이다. 나는 이 밖에도 평상시 크고 작은 일에 시계를 보면서 대화를 나눴다.

아날로그시계를 활용한 대화 예시

아침에 일어날 때	"이제 한 바퀴(1시간) 뒤에는 학교에 가야 해."
밥 먹을 때	"지금 두 칸(10분) 남았어. 두 칸 뒤에는 밥 먹고 그릇 싱크대로 갖다 놔줘."
씻을 때	"세 칸(15분) 동안 세수하고 양치질한 뒤 옷 갈아입자."
자기 전	"짧은바늘이 8, 긴바늘이 10일 때(7시 50분) 씻어야 하는 거 알지?"
주말 나들이를 떠날 때	"오늘은 여기서 세 바퀴(3시간) 정도 놀 거야."
주말 나들이를 마칠 때	"이제 두 칸(10분) 뒤면 정리하고 집에 갈 거야."
차를 타고 이동할 때	"이제 여덟 칸(40분) 뒤에 도착해."

뽀모도로 타이머를 늘 들고 다닐 수는 없다. 또한 핸드폰의 디지털시계로 시각을 알려 주면 아직 뺄셈을 할 줄 모르는 아이는 앞으로 시간이 얼마나 남았는지 알 수 없다. 어린아이에게는 아날로그시계만 있으면 된다. 아날로그시계만으로도 긴바늘 1과 2 사이를 한 칸, 1과 3 사이를 두 칸 등으로 표현해 가며 아이와 함께 시간에 대해 자연스레 소통할 수 있다.

나는 이런 방식으로 세 아이를 키우고 있다. 그러자 초등학교에 입학한 첫째에게서 생각지도 못한 성과가 나왔다. 첫째는 1학년 2학기가 되자 수학 시간에 정시와 30분을 배웠는데 의외로 시계 보기를 자연스럽게 잘 해냈다. 아주 어릴 때부터 아날로그시계로 나와 숱하게 대화했기 때문에 시계 보는 법을 어렵지 않게 배운 것이다. 이처럼 이 방법은 아이가 초등학교에서 시계 읽기를 배우는 방식과도 매우 관련이 깊어 시간 학습의 마중물 역할도 한다.

게다가 첫째와의 대화를 곁에서 듣던 세 살 아이도 "엄마 이제 시계 몇 개나 남았어요?", "긴바늘이 5 되면 어린이집에 가요?"와 같은 질문을 하기 시작했다. 아직 어려서 뜻은 잘 알지 못하지만 시계에 긴바늘이 있고 숫자 5가 적혀 있다는 것을 정확히 인식하고 있었다.

이렇게 집 안에서 시계 보기와 시간 개념을 자연스럽게 익혀 나갈 수 있다. 시계 보기는 생각보다 다양한 연산과 공간적 개념, 그리고 이해가 필요한 '공부'다. 이렇듯 중요한 학습 과정을 부모의 조바심으로 단순화하지 않기를 바란다.

> 성실한 생활의 모범 사례를 탐색하고 시간 관리를 위한 생활을 계획하여 지속적인 자기 성장을 모색한다.
>
> – '도덕과 교육과정 [초등학교] (1) 자신과의 관계 성취기준'에서 발췌

살아가는 데 있어 시간을 소중히 여기는 태도는 매우 중요하다. 인간관계에서 신뢰를 드러내는 가장 간단한 방법은 약속 시간을 잘 지키는 것이다. 도덕과 교육과정의 성취기준에서도 볼 수 있듯이 성실한 생활은 시간을 얼마나 잘 관리하느냐에 달려 있다. 아이

가 성실하게 살아갈 수 있게 어릴 때부터 시계 읽기 교육을 자연스럽게 자주 하도록 하자.

아이의 첫 시계 선물은 아날로그시계가 좋다

100g이라는 무게를 숫자로 알려 줄 때보다 귤 하나만큼의 무게라고 비유해 줄 때 아이들은 훨씬 빠르게 이해한다. 시계도 마찬가지다. 시 각을 그저 숫자로만 알려 주기보다는 아날로그시계를 통해 공간적인 개념을 더해 알려 주는 것이 좋다.

따라서 4~7세 아이에게 디지털시계보다는 아날로그시계가 익숙해 지도록 하자. 디지털시계부터 보고 자라면 아이는 시간을 숫자로만, 즉 평면적으로 이해한다. 몇 시 몇 분인지 직관적으로 빠르게 읽어 내 고 부모와 쉽게 소통하기는 하지만 1분 1초의 소중함을 느끼기 어렵 다. 디지털시계를 보면서 "10분 남았어"라고 말하는 것보다 아날로그 시계의 분침을 가리키면 아이는 시간을 다르게 대하기 시작한다. 즉 시간을 말로 표현하는 게 아주 더디고 소통할 때 어려움도 있겠지만 5분이라는 시간이 얼마나 긴지(또는 얼마나 짧은지) 인식할 수 있게 된다.

초등학교 교육과정에서는 1학년 2학기 말부터 시계 읽기를 가르친다. 나는 아이가 초등학교에 입학할 때 아날로그 손목시계를 선물해 주 었다. 비록 몇 시 몇 분인지는 잘 말하지 못했지만 아이는 나와 함께 '1시간은 한 바퀴', '30분은 반 바퀴', '5분은 긴바늘 1', '50분은 긴바 늘 10' 등으로 표현하며 함께 시계 읽기를 했다. 이처럼 아날로그시계 를 일찍 줘도 아이와 시간에 대해 충분히 이야기를 나눌 수 있다.

속상할 때 입을 꾹 다물거나
큰 소리로 울어요

❋ 자기 감정을 잘 드러내지 못하는 아이들

십 대 아이 중에 자기 감정을 속 시원히 표현할 줄 모르는 아이가 많다. 부모 또는 선생님을 대하기 어려워서 감정 표현이 잘 안 될 때도 있지만, 대부분의 아이는 친한 친구에게도 감정을 자연스럽고 부드럽게 표현할 줄 모른다. 이런 아이들은 다음과 같은 특징이 있다.

- 자기 감정이 어떤지 잘 알아차리지 못한다.

- 감정을 알아차렸더라도 말로 표현한 적이 드물다.
- 부정적인 감정을 제대로 해소하지 못해 마음속에 응어리가 쌓여 있다.

감정 표현과 관련해서 육아의 고비는 숱하게 다가온다. 두 살은 이제 막 자아의식이 생겨서, 네 살은 자아가 강해져서 어렵다. 또 일곱 살은 논리적인 사고가 발달하면서 고집이 유난히 세진다. 그럴 때마다 나는 쪼그만 아이와 말싸움하는 게 속상하기도 하고 인내심 테스트를 넘어서 엄마 자격을 시험받는 것처럼 느껴지기도 했다. 감정싸움을 할 때마다 아이를 온화하게 양육하는 것이 얼마나 힘든 일인지 깨닫는다.

감정을 잘 표현할 줄 모르는 아이는 속상할 때 입을 꾹 다물거나 큰 소리로 울고 만다. 부모 입장에서는 아이가 조그만 일에 속상해서 울 때보다 입을 꾹 다물고 삐질 때 더 답답할 것이다. 아이가 아무런 말도 하지 않으니 무엇 때문에 삐졌는지 도통 알 수 없고 해결 방법도 오리무중이기 때문이다. 입을 꾹 다물든 큰 소리로 울어대든 상황과 감정은 제각각이겠지만 나는 대부분 '나한테 관심 좀 주세요'의 다른 표현 방식이 아닐까 생각한다.

관심을 바라는 아이의 마음을 읽는 방법

아이는 자기 감정을 어떻게 표현해야 할지 몰라서 입을 꾹 다물 수 있다. 한편으로는 말을 어떻게 꺼내야 할지 몰라 눈물을 뚝뚝 흘리는 것으로 속상한 감정을 드러내기도 한다. 세 아이를 키우면서 아이의 마음을 세심히 읽기 위해 노력하다 보니 다음과 같이 구체적인 방법을 찾게 되었다.

① 감정을 표현하는 말 들려주기

두 돌이 된 막둥이가 날마다 운다. 장난감 모양이 원하는 대로 바뀌지 않아 속상할 때마다 아이는 장난감을 바닥에 세게 집어던지고 눈물을 뚝뚝 흘리며 "안 돼! 안 돼! 장난감 (모양 변형이) 안 돼!" 하고 부정적 언어로 표현한다. 그럴 때면 나는 아이에게 다가가 딱 한 마디를 건넨다. "장난감이 안 움직여서 속상해?"

"엄마, 속상해요." 아이는 이렇게 대답하고서 이내 알아차린다. 제 감정이 '속상함'이라는 것을. 나는 세상에 태어나 물건 이름을 차근차근 알아가는 아이에게 내면의 감정을 표현하는 말도 하나씩 알려 주었다. 어른은 속상하거나 슬픈 일이 생기면 익숙하게 말로 표현하지만 아이들은 아직 경험이 부족하기에 익숙지 않다. 그래서 도대체 무슨 말로 자기 감정을 표현해야 할지 잘 모른다. 아이들은 언제나 배워야 할 천진난만한 존재라는 점을 잊지 말자.

한번은 막둥이가 사탕을 먹고 싶어 했는데 식사 시간이 얼마 남지 않아서 내가 먹지 못하게 한 적이 있다. 아이는 또 눈물을 뚝뚝 흘리며 큰 소리를 냈다. 그럴 때도 나는 아이 곁에 다가가 아이 눈을 보며 말을 걸었다.

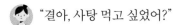 "결아, 사탕 먹고 싶었어?"

"엄마 나는 이 사탕이 먹고 싶었어요."

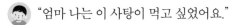 "그래서 울었구나. 그런데 지금은 저녁밥 먹을 시간이니까 사탕은 나중에 먹자."

꼭 감정을 읽어 주는 추상적인 표현이 아니어도 된다. 아이가 지금 처한 상황을 인식하고 무엇 때문에 우는지 알 만한 단서를 넌지시 알려 줘도 좋다. 아이는 부모의 말을 들으면서 '이럴 땐 이렇게 말하면 되는구나!' 하고 하나씩 배워 갈 것이다.

어느새 셋째는 어린이집 하원을 하면서 이런 말을 하는 아이로 자랐다. "엄마, 어린이집에는 엄마가 없어서 슬퍼요. 오늘 엄마가 엄청 보고 싶었어요." 아이의 말을 들은 나는 단순히 아이가 말을 잘해서 뿌듯한 게 아니었다. 자기 감정을 잘 표현할 줄 아는 아이로 자라서 그 말이 더욱 특별하게 다가왔다.

아이의 마음을 잘 읽고 표현할 수 있도록 돕는 우리 가족만의 문화가 하나 있다. 바로 일대일 데이트인데, 나와 남편 중 한 명이 한 아이만 데리고 집 밖에 나가 데이트를 하는 것이다. 시간은 그리 길지 않다. 짧을 때는 1~2시간, 길 때는 3~4시간 정도다.

일대일 데이트는 어느 평범한 날에 시작되었다. 그날따라 아이들의 속상한 마음이 눈에 깊이 들어왔다. 첫째는 첫째라서 동생들에게 양보해야 할 때가 많다. 둘째는 첫째와 막내에게 치여서 서러움이 폭발하는 시기가 온다. 막둥이는 아직 너무 어려서 요구 사항이 100% 수용되지 못할 때가 있다.

어느 날엔 둘째가 온종일 갖은 핑계를 대면서 눈물을 줄줄 흘리며 마음에 안 드는 것들을 나열했다. '오늘은 또 어떤 이유로 울려나' 하고 걱정되는 나날이었다. 그럴 때마다 나는 아이에게 이렇게 제안했다. "엄마랑 오늘 데이트할까?"

이 한마디에 아이는 순식간에 눈물을 그치고 함박웃음을 지었다. 아이와 둘이서 시간을 보내자고 약속하는 것만으로도 아이의 응어리진 마음은 눈 녹듯 녹았다. 엄마가 오롯이 자기만 바라보며 자기 말에 집중한다는 것에서 정서적 안정감을 얻었나 보다. 아이가 몇 명이든 상관없이 부모 중 한 명, 그리고 아이 한 명과 함께하는 일대일 데이트는 아이에게 예상치 못하게 주어지는 크나큰 정서적 선물이 될 수 있다.

다만 일대일 데이트에도 어느 정도 가이드라인이 필요하다. 우선 일대일 데이트가 부모에게 시간적·금전적으로 부담이 되어서는 안 되고, 특히 아이가 사랑보다는 물질적 보상을 얻는다고 받아들이면 안 되기 때문이다. 다음은 일대일 데이트를 할 때 우리 가족이 지키는 원칙이다.

일대일 데이트의 원칙

항목	내용
금액	데이트 비용에는 한도가 필요하다. 한 아이는 돈이 많이 드는 활동을 하고 한 아이는 놀이터 투어처럼 돈이 전혀 들지 않는 데이트를 하면 형평성에 어긋나기 때문이다. 아이들은 솔직해서 형제자매에게 무슨 데이트를 했는지 쉽게 이야기한다. 따라서 누구 하나라도 마음을 상하지 않도록 간식이나 놀이 비용에 한도를 정해야 한다(참고로 우리 가족은 일대일 데이트 때의 간식비를 아이들과 의논해서 3,000원으로 정했다).
시간	저녁 식사 때부터 데이트하면 부모의 체력 부담이 크다. 그래서 우리 가족은 평일에는 집에서 다 같이 저녁 식사를 한 뒤 데이트를 나갔다. 그 때문에 평일 저녁 데이트는 길어야 2시간 정도였다.
활동	일대일 데이트 때 무엇을 할지 절대 부모가 성해서는 안 된다. 이 데이트의 목적은 아이와 깊게 소통하며 아이의 생각과 가족에 대한 감정을 들어보는 것이다. 아이의 이야기를 집중해서 들어주고 눈을 맞추며 가까이에서 사랑을 표현하기 위해 만든 문화인 만큼 데이트의 콘텐츠를 부모가 정해서는 안 된다. 어느 날 일대일 데이트를 할 때 아이에게 무엇을 하고 싶은지 묻자 아이는 동네 마트에서 아이스크림을 사서 놀이터에 먹고 그네를 타고 싶다고 했다. 나로서는 시시해 보이는 소원이었지만 그날은 아이가 원하는 대로 해주었다. 집에 오는 길에 아이는 "엄마 오늘 너무 기분이 좋아요. 사랑해요"라고 말했다. 이렇게 가성비 좋은 데이트가 어디 있을까?

데이트의 매력은 엄마인 내게도 크게 다가왔다. 아이 한 명과 손을 꼭 붙잡고 집을 나서는 순간부터 아이는 기분이 좋다. 연신 눈을 마주치며 입가에는 미소가 가득하다. 또 평소보다 말수가 많아지고 기쁜 감정을 예쁜 말로 표현한다. 요즘 아이가 너무 자주 울거나 삐지고 말하지 않는다면 어쩌면 관심을 독차지할 시간이 필요하다고 신호를 보내는 것일 수도 있다. 만약 그렇다면 일대일 데이트를 할 때가 아닌가 의문을 가져 보길 바란다. 분명 눈에 띌 정도로 대단한 효과를 얻을 수 있을 것이다.

> 자신의 감정을 소중히 여기며 존중하는 태도를 바탕으로 내가 누구인가를 탐구한다.
>
> - '도덕과 교육과정 [초등학교] (1) 자신과의 관계 성취기준'에서 발췌

초등학교 도덕 교과서에서도 아이들이 자신의 감정을 긍정적으로 받아들이고 존중하는 태도를 기를 수 있도록 안내한다. 특정한 상황에서 어떤 감정이 드는 것은 당연하다. 때로는 부모가 감당하기 어려울 정도로 아이가 감정을 격하게 표현하기도 한다. 아이가 어릴수록 감정을 부드럽고 자세하게 표현하는 방법을 수월하게 알려 줄 수 있다. 아이의 감정을 부모의 권위로 누그러뜨리거나 부정하지 말고 수용해 주면서 자연스럽게 표출하는 방법을 알려 주자.

아닌 건 아니라고 말하는 부모의 용기

아이가 감정을 제대로 표현하는 방법을 모른다면 부모가 바람직한 감정 표현 방법을 알려 줘야 한다. 하지만 공공장소에서 큰 소리로 울면서 떼를 쓴다거나 폭력적인 성향을 드러내며 감정을 과하게 표현한다면 적당히 제지해야 한다.

아이들이 욕구를 절제할 수 있게 가르치는 것도 육아의 중요한 부분이다. 아이의 마음을 이해하고 긍정적으로 환기해 주는 것과 훈육의 부재를 동일시해서는 안 된다.

아닌 건 아닌 거다. 아이에게 허용되는 것과 그렇지 않은 것을 선명하게 구분해 주자. 타인에게 피해를 끼치는 감정 표현이나 팔을 휘두르며 부정적 감정을 표현하는 것은 옳지 않다고 명확히 말해야 한다.

05

유튜브를 많이 봐서
걱정돼요

학교에서 수업을 시작하려고 하면 여전히 엎드려서 침까지 흘리며 자는 아이들이 있다. 수업 후에 그 아이들에게 다가가 지난밤에 잠을 잘 자지 못했는지, 또 왜 그렇게 피곤한지 물어보면 대답은 주로 이랬다. "어젯밤에 공부하고 나서 유튜브를 좀 많이 봤어요." "어제 핸드폰으로 게임하고 밤 1시 반에 잠들었어요."

아이들은 늦은 시간에 귀가하고 나서 일상 스트레스를 풀기 위해 유튜브와 핸드폰 게임에 빠진다. 교문을 나서는 아이들 중에 핸드폰을 손에 쥐고 화면을 뚫어져라 보는 아이가 참 많다. 그런 모습을 볼수록 나는 내 아이가 어렸을 때부터 미디어 사용 시간을 잘 조절할 수 있기를 바랐다. 특히 청소년기에는 핸드폰 사용 시간을 스스로 조절할 줄 알아야 한다고 판단했다. 이는 곧 시간 활용을 잘하고 자기 욕구를 잘 조절하는 것과도 연관되기 때문이다. 그래서 나에게는 더욱 큰 과제로 다가왔다.

✳ 영상을 왜 보지 말아야 하는지 잘 아는 아이

"아직도 밥 먹을 때 아이들 영상 안 보여 줘?" 어느 날 친한 친구가 내게 이렇게 물었다. 그러자 곁에서 우리 대화를 듣고 있던 첫째가 나 대신 이렇게 대답했다. "엄마가 밥 먹을 때 영상 보면 밥이 무슨 맛인지 알 수 없대요. 그래서 우리는 밥 먹을 때 영상 안 봐요."

아이의 말을 듣는데 그동안 우리 부부가 고생한 시간이 주마등처럼 스쳐 지나갔다. 아이가 하나에서 둘, 그리고 셋이 될 때까지 외식하는 날이면 참 많이 힘들었다. 아이는 절대 어른처럼 얌전히 앉아서 음식이 나오길 기다리지 못한다. 외식할 때마다 주변을 둘러보면 태블릿PC나 스마트폰을 식탁 위에 올려 두고 그걸 보면서 식사하는 아이가 많았다.

여느 아이처럼 첫째도 뭘 알 만한 나이가 되자 늘 똑같은 질문을 했다. "나도 영상 보면서 밥 먹고 싶어요. 왜 나는 그러면 안 돼요?" 처음에는 이 질문에 답하기가 참 쉽지 않았다. 다른 부모와 우리 부부의 생각이 다른데 그걸 아이에게 설명하기가 곤란했기 때문이다. 하지만 아이의 질문이 반복될수록 우리 부부의 답도 점점 정교해졌다. 결국에는 주로 다음 세 가지 내용을 아이 수준에 맞추어 계속 이야기해 주었다.

"밥을 먹을 때 영상을 보면 무얼 먹는지, 무슨 맛인지도 모른 채 음식을 씹고 삼킬 수 있잖아. 그럼 맛있는 밥을 먹는 기회를 놓치고 마는 거야. 그리고 영상을 많이 보면 생각하는 힘을 기르기가 힘들어. 알록달록한 화면에 집중하느라 주인공이 왜 이런 행동을 하고 어떤 마음일지 생각해 볼 시간이 부족해. 또 어릴 때 영상을 많이 보면 눈을 깜빡이는 횟수가 줄어들어서 시력이 안 좋아져. 그럼 슬이, 별이도 속상하겠지?"

아이가 내 친구에게 자신만의 답을 내어놓는 그 순간, 나는 '아이가 그동안 힘들었을 텐데 그래도 부모의 진심을 어느 정도 이해하고 있구나' 하는 느낌을 받았다.

❋ 정말 힘들었던 미디어 사용 시간 조절

우리 가족은 아이에게 주 1회에 1시간 정도만 영상을 보여 준다는 규칙을 3년 넘게 실천해 왔다. 미디어를 통제하는 과정이 힘들지 않았다면 거짓말이다. 하지만 그만큼 절실했다. 요즘은 아이들이 영상과 함께 살아가는 시대이기에 노출하는 것쯤은 문제없지 않나 생각할 수도 있다. 하지만 초등학교에 입학해서 휴대폰을 갖게 되면 영상이 미치는 영향력은 생각보다 크다. 나는 교사로서 학생들이 영상을 얼마큼 많이 무분별하게 접하는지 숱하게 봐왔기 때문에 경각심이 더 컸다.

남편과 나는 가족 외식 때 밥을 제대로 먹은 적이 드물다. 식사가 나오기 전 둘 중 한 명은 꼭 아이를 데리고 식당 밖을 산책해야 했다. 음식을 기다릴 때까지 메뉴판, 식당 분위기, 직원 등등 눈에 보이는 대상을 중심으로 아이들과 자연스레 이야기를 나누기도 했다.

세 아이를 데리고 외출하는 날이면 진이 다 빠져서 "다시는 외식 안 할 거야. 너무 힘들어"를 외치며 외식 빈도를 줄이자고 다짐한 적도 수없이 많다. 그러다 세 아이가 영상 없이 식탁 의자에 얌전히 앉아서 밥을 기다리고 처음부터 끝까지 식사에 집중하는 모습을 본 첫날을 잊을 수가 없다. 그날 마침 옆 테이블에 계시던 한 어르신이 "저 아이들은 영상 안 보고도 밥을 엄청 잘 먹네"라고 이야기하셨다. 그 말을 듣는 순간 정말 뿌듯했다. 우리의 선택이 틀리지 않았다는 믿음과 근 3년을 고생했지만 앞으로는 아이들이 영상 시청 시간을 잘 조절해서 지혜롭게 볼지도 모른다는 희망을 품을 수 있었기 때문이다.

[자녀 코칭 포인트] '영상 데이'에는 아이에게 주도권을 주자

나는 우리 아이들이 미디어 시청보다는 자연을 벗 삼아 놀고 그림책을 통해 즐거움을 누렸으면 했다. 설령 영상을 보여 주더라도 아이가 흔쾌히 받아들일 수 있는 원칙부터 세우기로 다짐했다.

① 영상 시청 규칙은 어떻게 정해야 좋을까?

영상을 아예 안 보여 주자니 아이들에게 조금 미안했다. 하지만 도저히 영상을 규칙 없이 노출할 수는 없고 '이왕 보여 줄 거면 지혜롭게 보여 주자'라는 게 나의 기준이었다. 교육 전문가들은 하나같이 아이가 두 돌이 될 때까지는 미디어 노출을 삼가라고 이야기한다. 나 또한 둘째가 두 돌이 지나고 나서부터 어떤 영상을 어떻게 보여 주는 것이 좋을지 본격적으로 고민하기 시작했다.

아이와 함께 시행착오를 겪어 가며 규칙을 다듬었다. 매주 토요일 낮에 1인당 15분 남짓한 영상을 두 개씩 골라서 TV로 보기로 했다. 한동안은 이 규칙이 잘 지켜졌다. 아이들은 토요일만 되면 "엄마, 영상 보여 주세요" 하며 TV 앞에 유아 의자를 가져와 나란히 앉았다.

아이들은 평일 내내 주말에 어떤 영상을 볼지 고민하며 월요일에는 〈한글용사 아이야〉를 볼 거라고 했다가, 화요일에는 〈엄마 까

투리〉를 볼 거라고 말하고, 수요일에는 〈시크릿 쥬쥬〉를 볼 거라고 말했다. 이번 주 토요일 영상 데이에는 무얼 볼지 설렘을 가득 안고 기다리는 천진난만한 모습을 보는 건 그야말로 덤이었다.

하지만 이 원칙도 셋째가 태어나자 난관에 부딪혔다. 기고 걷기 시작한 막내가 누나들의 영상 시청 시간을 가만 놔두지 않았던 것이다. TV 코앞에 서서 화면을 가리거나 거실 장 위에 올라가서 TV를 마구 흔드는 일이 잦았다. 아이들은 영상을 집중해서 보기가 힘들어졌고 나는 막내가 영상에 지나치게 일찍 그리고 장시간 노출된다는 점에 마음이 불편했다. 이 상황을 몇 주간 연속으로 겪으면서 나는 아이들과 새로운 답을 찾아 나갔다.

"영상을 빨리 보고 싶은데 결이 때문에 제대로 못 보겠어요. 결이가 미워요."

"동생이 영상 데이를 방해해서 속상하지? 엄마도 동생이 아직 어린데 영상을 보는 게 마음이 좀 안 좋아. 위험한 행동을 하기도 하고. 어떡하면 좋을까?"

"그러면 결이가 낮잠 잘 때 우리가 영상 보는 건 어때요? 그럼 되잖아요!"

"오, 그거 진짜 좋은 방법이다. 그러면 동생도 영상을 안 봐서 생각하는 힘이 길러지고 눈으로 멀리 있는 것도 잘 볼 수 있겠다! 그런데 동생이 잠들 때까지 기다릴 수 있겠어? 기다리기 힘든 날도 있을 텐데?"

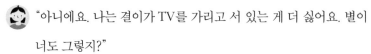
"아니에요. 나는 결이가 TV를 가리고 서 있는 게 더 싫어요. 별이 너도 그렇지?"

"네! 나도 기다릴 수 있어요!"

대화 끝에 우리 가족이 찾은 해결책은 셋째가 낮잠을 자는 동안 영상을 보는 것이었다. 아이들은 꼬마 방해꾼이 사라져서 좋고, 나는 이제 2~3살 된 아이가 영상에 노출되지 않아서 좋았다.

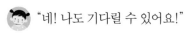
② 변화는 단번에 시도하라

많은 부모가 육아에 지친 나머지 아이들에게 영상을 조금씩 보여 주기 시작한다. 아이들이 그 시간만큼은 TV 앞에 집중해서 앉아 있는 모습에 안심이 되고 육아도 한결 수월해지기 때문이다. 하지만 영상 노출 시간이 어느새 2~3시간으로 늘어나면 부모도 마음이 점점 불편해진다. 그럴 때는 단번에 끊는 방법을 추천한다.

지인에게서 아이에게 보여 주던 영상을 끊고 나니 아이가 짜증과 과격한 행동을 덜 하고 오가는 사람에게 관심을 가지며 놀 거리를 스스로 찾았다는 이야기를 전해 들었다. 게다가 숙면 효과까지 있었다고 한다. 하지만 내가 봤을 때 더 큰 성과는 그 지인의 육아

효능감이 높아진 것이었다. 영상을 원칙이 있는 상태에서 보여 주면 부모는 육아의 부담을 조금이나마 덜고 아이들은 재미있는 시간을 보낼 수 있다. 그러나 무분별하게 보여 주기 시작하면 아이는 아이대로 정서적 변화가 일어나고 부모도 마음이 편치 못하다. 이런 흐름을 서서히 줄여 나가면 아이와 부모 모두 혼란스러울 뿐이다. 차라리 원칙을 정해서 노출 시간을 확 줄이면 훨씬 빨리 안정을 찾을 수 있을 것이다.

> 성실한 생활의 모범 사례를 탐색하고 시간 관리를 위한 생활을
> 계획하여 지속적인 자기 성장을 모색한다.
>
> — '도덕과 교육과정 [초등학교] (1) 자신과의 관계 성취기준'에서 발췌

도덕과 교육과정에서도 시간 관리를 잘하는 삶은 곧 성장하는 삶으로 이어진다고 말한다. 덧붙여 최승필 작가의 『공부머리 독서법』에서는 '어릴 때부터 스마트폰을 한 아이일수록 훨씬 더 심각하게 스마트폰에 빠집니다. 가능한 한 늦게 줘야 합니다'라고 말한다. 나 또한 이 의견에 동의하며 지금껏 노력해 왔다. 지금 가정에서 온 가족이 미디어를 어떻게 활용하고 있는지 객관적으로 살펴보고, 이 과정에서 어떤 어려움이 있다면 다 같이 모여 개선 방법에 관해 구체적으로 이야기를 나눠 보길 바란다.

06

심심하다는 말을
입에 달고 살아요

✳ 혼자서 놀 줄 모르는 아이들

어느 날 학교에서 은민이라는 학생이 이런 말을 했다. "선생님, 처음에는 학교에 오면 핸드폰을 제출해야 해서 엄청 답답하고 싫었어요. 너무 심심했거든요. 그런데 지금은 친구들이랑 심심할 때 어떻게든 새로운 놀이를 만들면서 노니까 학교생활이 재밌어요. 핸드폰을 내지 않았다면 핸드폰 게임만 했을 거예요. 그래서 지금이 더 나은 것 같아요." 아이들의 입에서 자주 나오는 심심이라는 말이 이렇게 긍정적으로 해석될 수 있나 싶었다.

나는 평소 아이들에게 심심한 시간을 많이 제공하려고 한다. 첫째를 낳고 나서 바로 생각한 건 아니었다. 엄마로서 매일 바쁘고 집안일 할 시간도 넉넉지 않다 보니 의도치 않게 아이들과 함께하지 못하는 시간이 종종 있었다. 그러다 보니 첫째는 커가면서 방에서 혼자 중얼거리며 역할 놀이를 하는 시간이 점점 늘어났다.

첫째는 물론이고 둘째와 셋째 모두 두 돌에서 세 돌이 되는 동안 혼자 노는 시간이 늘어났다. 앞서 말했듯이 나는 아이가 혼자 놀 때 절대 끼어들지 않았다. 아이가 자기만의 놀이 세계를 확장하는 시간을 방해하지 않기 위해서였다. 어떤 부모는 이런 상황에 끼어들어서 아이에게 "무슨 놀이를 하는 거야?", "엄마랑 같이 놀까?"라고 말하곤 한다. 하지만 나는 혼자만의 놀이 시간을 인지적 능력이 발달하는 시간이라 믿었기에 아이가 그 시간을 충분히 누릴 수 있도록 (조용히 집안일을 하며) 배려했다.

우리 아이들과 달리 요즘은 혼자서 잘 놀지 못하는 아이가 많다. 놀이 도구나 놀이 상대가 있어야 잘 놀기 때문에 어떤 부모는 아이들의 놀이 친구가 되어 주거나 부모를 대신해 즐거움을 줄 만한 장난감을 적극적으로 제공한다. 하지만 나는 장난감을 점점 줄여 나갔다. 정리하기 어렵고 수납공간이 부족한 것도 큰 이유였지만 아이들의 생활을 간결하게 만들어 주고 싶었다. 삶에는 여백이 있어야 한다. 아이들은 그 여백에서 생각 주머니가 커지고 놀 거리를 새롭게 찾으며 적극적으로 그 놀이를 이어 갈 것이다.

어느 날 외가를 찾은 아이들은 심심하다는 말을 돌림노래처럼 반복했다. 나는 그저 "심심해? 뭘 가지고 놀아야 좋을까?"라고 말하며 한 발짝 물러서서 아이들을 관찰했다. 무료한 시간이 이어지자 아이들은 적극적으로 놀잇감을 찾기 시작했다. 하지만 할머니, 할아버지가 사는 집에 아이들이 즐겁게 가지고 놀 장난감이 있을 리만무하다. TV도 없어서 아이들은 영상을 볼 수도 없었다. 이 방 저 방 돌아다니며 방황하던 아이들은 결국 큼지막한 달력을 뒤집어 펼쳐 놓고는 볼펜으로 쓱쓱 그림을 그리기 시작했다. 온 가족의 특징을 살려서 삼촌, 숙모, 사촌들 얼굴을 그리는 모습을 보며 '역시 아이들은 심심할 틈이 없어'라고 생각했다.

달력에 한참 그림을 그리다가 또 심심해진 아이들은 분무기를 들고 베란다에 나가서 서로 물을 뿌리며 신나게 물장난을 했다. 이처럼 아이들은 아무것도 없어도 잘 놀고 누군가 놀 거리를 주지 않으면 알아서 찾는다. 부모의 적극적인 개입이 오히려 아이를 타인에 의존하는 성향으로 만들 수 있다. 때로는 뒷짐 지고 느긋하게 바라보는 자세도 필요하다.

삶에 여백이 있어야만 아이들은 시간을 의미 있게 채우려 노력하기 시작한다. 꽉 짜인 시간표 속에서는 엉뚱한 생각을 할 여유가 없다. 그래서 나는 아주 드물게 아이들에게 무엇을 하고 놀지 제안했다. 아이들의 주도적인 선택을 존중하려는 의도가 담긴 방법이었다.

아이가 주도하는 놀이가 지닌 가치

아이들은 때로 기상천외한 방법으로 논다. 정말 심심하면 사물의 주 용도에서 벗어나 새로운 놀이를 만들어 내기도 하는데, 이는 곧 창의성 발달로 연결된다. 어느 날은 아이 셋이 옹기종기 모여서 집 안에 있는 소품들을 방해물이라고 표현하더니 그 방해물이 나타나면 어떻게 빠져나가야 할지 길을 만들어 가며 고민했다. 아이들은 규칙을 정할 때 투덕거리기도 하고 방해물을 함께 피해 나갈 때 쾌감을 느끼며 하이파이브를 하기도 했다. 그런 모습을 보면서 아이들의 창의력은 어디까지인지 궁금해지기 시작했다.

요한 하리Johann Hari 작가의 『도둑맞은 집중력』에서는 놀이의 진정한 가치에 대해 설명하며 아이들은 놀이를 할 때 '게임을 지속하기 위해 다른 아이들의 마음을 읽는 법을 알아낸다'고 말한다.

이처럼 놀이는 생각보다 많은 가치를 지니고 있다. 아이들은 기존 놀이를 그대로 하든, 응용해 또 다른 놀이를 만들어 내든 그 과정에서 상상하며 창의력을 얻는다. 또한 설득력과 상대방의 마음을 잘 헤아리는 공감 능력, 협상 능력, 배려심, 회복탄력성 등을 기를 수 있다. 큰돈 들이지 않고도 아이를 지적·인격적으로 발달시킬 수 있는 기회이므로 평상시에 놀이를 배제해서는 안 된다.

요한 하리 작가는 20년 뒤의 세상이 어떤 모습일지 알 수 없으므로 아이들에게 특정한 정보를 주입하는 것보다 놀이를 통해 학습 능력을 향상하는 게 더 중요하다고 말한다. 나 또한 이 의견에 동의한다. 아이들이 사회에 진출할 시기에는 세상이 많이 변해 있을 것이다. AI가 번역과 동시통역을 하고 심지어 문장만 입력하면 입체감이 살아 있는 그림과 동영상까지 만들어 내는 시대다. 따라서 아이들에게 특정한 지식을 심어 주려 노력하는 것보다는 시대 흐름에 맞춰 디지털 정보를 잘 활용할 수 있도록 창의력을 기를 수 있는 놀이 시간을 많이 확보해 주는 것이 더 중요하다. 다만 앞서 말했듯이 부모가 주도하는 것이 아니라 아이가 찾아서 놀이를 이어 갈 수 있게 해야 한다.

> 자주적인 삶에 대한 이해를 바탕으로 자신의 생활계획을 세우고 실천하여 주체적인 삶의 태도를 기른다.
>
> – '도덕과 교육과정 [초등학교] (1) 자신과의 관계 성취기준'에서 발췌

자기주도적으로 살아가려면 평상시에 무엇이 필요한지 스스로 알아채고 이를 채우기 위해 직접 노력해 본 경험이 쌓여야 한

다. 부모 입장에서는 아이의 실패 경험을 줄여서 시간을 효율적으로 쓸 수 있게 하고 싶을지라도 결국 아이가 직접 도전하고 성공과 실패를 겪어야만 가치가 있다. 결핍은 아이의 또 다른 성장 동력이 될 수 있다. 돈으로도 살 수 없는 가치다.

다시 한번 강조하지만 놀이의 중요성을 간과해서는 안 된다. 놀이 시간은 절대 시간 낭비가 아니다. 아이만의 상상력과 창의력이 자라나고 다양한 놀이를 통해 지적 성장까지 이루어진다. 그 시간을 부모의 의지나 선택으로 채우려 하지 말고 아이가 자유롭게 선택할 수 있게 허용해 보자.

07

해야 할 일을

자꾸 나중으로 미뤄요

자발성은 '남의 교시나 영향에 의하지 아니하고, 자기 내부의 원인과 힘으로 사고나 행위가 이루어지는 특성'을 의미한다. 즉 스스로할 일을 정하고 실천할 수 있는 특성을 일컫는다.

학교에서 아이들을 가르치다 보면 생활 습관이 잘 잡힌 아이들을 종종 보게 된다. 이런 아이들은 대부분 학습 계획도 잘 세우는데, 중요도에 따라 해야 할 일의 순서를 정하고 착착 실천한다. 즉 공부를 잘하는 아이들은 생활 습관이 잘 잡혀 있고, 공부할 때는 공부하고 놀 때는 놀 줄 아는 지혜가 몸에 배어 있다. 시험 기간도 마찬가지다. 공부를 잘하는 아이들은 학업에 우선순위를 두고 쉬고 싶은 마음은 일단 마음속에 고이 접어 둔다. 휴식에 대한 욕구를 조절하여 공부 후로 미룰 줄 아는 지혜가 있는 것이다.

우리 아이도 이처럼 당장 해야 할 중요한 일부터 먼저 하는 사람으로 자랐으면 했다. 또한 멀티플레이를 한다며 한 번에 감당하지 못할 일을 잔뜩 벌여 놓고 정신없이 해치우는 게 아니라 먼저 할 것과 나중에 할 것을 구별할 줄 알았으면 했다. 특히 해야 할 일을 미루지 않기를 바랐다. 삶이 정돈되지 않은 아이는 일상이 산만할 뿐만 아니라 학교생활과 학업에도 큰 지장을 받기 때문이다. 따라서 나는 아이가 삶을 잘 통제하면서도 스스로 이끌어 나가는 자율성을 갖출 수 있길 바랐다. 그래서 일상에서 중요한 습관을 형성하는 구체적인 방법을 고민하기 시작했다.

자녀 코칭 포인트 습관 형성에는 80일이 걸린다

나는 원래 칭찬 스티커 제도를 좋아하지 않았다. 아이들의 행동을 끌어낸다는 이유로 외적 보상을 주는 게 내키지 않았기 때문이다. 교육학에서는 아이의 행동이 내적 동기로 유발되는 것을 가장 이상적으로 본다. 그래서 되도록 아이들이 자발적으로 바람직한 행동을 하기를 바랐다.

① 칭찬 스티커를 활용하게 된 계기 _____

그러던 어느 날 안방에 널브러진 이불과 베개들을 보다가 『돈의 속성』의 한 구절이 떠올랐다. '자신이 자고 일어난 자리를 정리하는 것은 삶에 대한 감사다. 음식과 잠자리는 삶의 질을 나타내는 가장 중요한 요소다'라는 구절이었다. 자연스럽게 다음과 같은 생각으로 이어졌다. '아이들이 아침에 일어나서 베개 정리로 하루를 시작하면 뿌듯해할 텐데. 이 행동을 자발적으로 하도록 도우려면 내가 어떻게 해야 할까?'

고민에 고민을 거듭하다가 떠오른 아이디어가 칭찬 스티커였다. 평소에는 내키지 않았던 제도라 혼자 결정하기가 뭣해서 첫째, 둘째와 이야기를 나눠 보았다.

"엄마가 책에서 봤는데 지혜롭거나 부지런한 어른들은 다들 아침에 일어나서 이부자리부터 정리한대. 그런데 우리 가족은 다 같이 안방에서 자고 너희가 덮는 이불은 너무 크잖아. 그래서 엄마는 너희가 베고 잔 베개라도 정리해 주면 좋겠어. 정리를 잘하면 칭찬 스티커를 붙이고 어느 정도 습관이 쌓이면 엄마가 작은 선물을 주려고 하는데 어때?" 이렇게 대화를 시작했고 아이들과 며칠에 걸쳐 의견을 주고받았다. 그리고 다음과 같이 칭찬 스티커 제도를 정했다.

첫째, 아침에 일어나서 베개를 안방 소파 위에 올리기

둘째, 칭찬 스티커 판에 스티커 붙이기

셋째, 10일이 될 때마다 1,000원씩 보상

넷째, 최대 80일 8,000원까지 수령 가능

일반적으로 습관 하나를 형성하는 데 66일이 걸린다고 한다. 그래서 처음에는 반올림해서 70일 프로젝트로 하려고 했다. 하지만 아직 아이들이 어린 만큼 며칠이라도 더 하는 게 좋다고 판단하여 80일 프로젝트로 정했다. 즉 10일마다 보상하되 80일이 지나면 칭찬 스티커 제도를 다시 시작하는 식이었다.

② 칭찬 스티커 제도를 운용할 때 참고할 점 _____

두 아이와 함께 칭찬 스티커 제도를 운용해 보니 몇 가지 참고하면 좋을 것들을 알게 되었다.

첫째, 목표는 하나만 설정해야 한다. 많은 부모가 습관 형성 프로젝트를 할 때 아이에게 한 번에 여러 가지 목표를 제시한다. 그런데 목표가 둘만 돼도 아이들은 잘 소화하지 못한다. 칭찬 스티커도 마찬가지다. 아이들은 생각보다 단순해서 세분화된 행동 중 하나만 목표로 제시하는 게 좋다.

나 또한 이불 펼쳐 두기까지 목표로 정하지 않고 베개 정리만 제시했다. 처음 해보는 시도인 만큼 목표를 간단하게 설정해서 아이들에게 확실히 각인시키고 싶었기 때문이다. 그래서 소파의 넓은 자리 중 어디에 올려놓아도 인정하는 것으로 규칙을 느슨하게 정했다. 베개를 바닥에서 들어 올리는 것 자체가 중요하지, 위치까지 구체적으로 제시하면 아이들이 점점 지칠 수 있기 때문이다.

둘째, 보상은 적당한 수준으로 제공해야 한다. 칭찬 스티커를 시작할 당시 아이들은 일정한 용돈을 받고 있지 않았다. 나는 베개 정리를 하면 보상을 주고 친척들에게 받은 명절 용돈의 10%만 용돈으로 주었다. 가령 칭찬 스티커 100개를 모으면 3만 원짜리 장난감을 사준다거나 10일을 해내면 과일을 사준다고 해보자. 전자는 과하고 후자는 매력이 없다.

보상 제도를 운용하면서 내가 잘했다고 생각하는 점 중 하나는 10일마다 보상을 해준 것이다. 매일 100원씩 주면 돈을 가치 없게 생각할 수 있고 80일 만에 8,000원을 주면 목표 달성 기간이 너무 멀게 느껴져서 실천력이 떨어질 수 있다. 따라서 이를 참고하여 아이 성향과 부모 상황을 고려해 규칙을 정하면 좋겠다.

셋째, 칭찬 스티커를 지혜롭게 활용해야 한다. 나는 처음엔 거실 벽에 숫자가 적힌 판을 부착했고, 아이들은 미션을 완수하면 숫자판에 펜으로 동그라미를 쳤다. 그런데 둘째가 유독 두 자릿수를 궁금해하고 숫자에 대해 자주 물어보았다. 그래서 아이의 지적 호기심을 적극적으로 활용해 보기로 했다. 숫자 판이 너덜너덜해진 김에 양식을 바꿔서 빈 동그라미가 그려진 종이에 아이가 직접 숫자를 쓸 수 있게 했다.

그랬더니 아이는 매일 베개 정리 후에 두 자릿수를 써나가며 수를 서서히 익혀 갔다. 베개 정리는 보상을 위한 행동이었지만 숫자 공부는 아이가 자발적으로 할 수 있게 유도한 것이다. 아이를 앉혀 놓고 숫자를 가르치거나 길을 가다 보이는 숫자를 자꾸 묻기보다는 의도를 숨긴 채 자연스럽게 가르칠 기회를 활용했다.

칭찬 스티커 제도를 통해 덤으로 얻은 효과는 세 살짜리 막둥이도 "엄마 베개 정리했어요!" 하면서 가끔 스스로 베개를 정리한다는 것이다. 누나 둘이 매일매일 특정 행동을 반복하자 어린아이도 자연스레 보고 배우면서 새로운 행동을 쉽게 따라 하게 되었다.

> 생활 습관에 대한 성찰을 통해 자기 생활을 점검하고 올바른 계획을 세워 이를 실천한다.
>
> – '도덕과 교육과정 [초등학교] (1) 자신과의 관계 성취기준'에서 발췌

좋은 생활 습관은 자존감 형성의 바탕이 된다. 생활 습관을 잘 갖춘 아이는 일상을 간결하게 정돈하고 꾸준히 성찰하며 좋은 습

관을 쌓아 나갈 줄 안다. 이는 곧 공부 계획이나 할 일의 우선순위를 직접 세우는 것으로 이어진다. 아이가 일상에서 좋은 습관을 차근차근 잘 쌓아 갈 수 있게 기회를 만들어 주자.

08

결정을 힘들어하는
모습이 답답해요

✳ 직접 결정해 본 경험이 많아야 한다

학교에서는 아이들이 알아서 선택을 내려야 하는 순간이 매우 많다. 수업 시간에 진행하는 평가를 어떤 형식으로 할지 직접 선택해야 할 때도 있고, 교내대회에서 한 가지 주제를 두고 그림, 글짓기, 4컷 만화, 표어·포스터 중 어떤 방식으로 제출할지도 직접 결정해야 한다.

중학교에서는 학생의 자기주도적 학습 능력과 소질 및 적성을 키울 수 있도록 자유학기제를 실시한다. 아이들은 자유학기제 동안 좋아하는 과목, 흥미, 취미, 특기 등을 고려하여 앞으로 어떤 직업을 선택할지 고민하고 그와 연관된 수업을 고를 기회를 얻는다. 초등학교를 갓 졸업한 아이들이 수업을 선택해야 하는 상황을 맞닥뜨리는 것이다. 최선책이 있을 리는 없지만 자신의 선호도, 성격, 적성에 대해 조금이라도 알고 있으면 좋겠다는 생각이 들었다.

하지만 학교에서 주관이 뚜렷하고 시원시원하게 결정할 수 있는 아이들은 절반 정도에 불과하다. 나머지 절반은 선택을 어려워하고 주저한다. 예를 들어 자유학기제 과목을 선택할 때 들어가고 싶은 반의 우선순위가 확실한 아이는 반 선택 과정에 그나마 적극적으로 참여하지만 어느 반을 가야 좋을지 잘 결정하지 못하는 아이들은 우물쭈물하다가 정원이 남는 반에 마지막으로 들어가곤 한다.

나는 결정을 잘하지 못하는 아이들은 뭔가를 선택해 본 경험이 부족해서 그러지 않을까라고 생각했다. 어른도 친구를 만나 식사를 할 때 '아무거나'라고 말하거나 자기 뜻을 숨기고 타인의 뜻을 그저 따르는 적이 있지 않은가? 남을 배려해서가 아니라 자신이 무얼 좋아하는지 고민해 본 적이 없어서 제 뜻을 제대로 표현하지 못하는 경우 말이다.

나는 우리 아이들만큼은 결정을 잘할 수 있는 사람으로 자랐으면 했다. 좋아하는 것들을 떠올리고 그중 하나를 선택해 이후에 일어난 결과를 그대로 수용할 줄 아는 사람 말이다. 더 나아가 그 결과를 알아서 피드백하고 더 나은 성과를 얻을 수 있게 노력할 수 있기를 바랐다. 고민한 결과 평상시에 아이에게 사소한 것도 직접 선택하는 경험을 자주 제공해야겠다는 결론에 이르렀다.

자녀 코칭 포인트 제한된 범위에서 선택의 경험을 제공하는 법

① 옷 고르기 _____

아이들은 매일 밤 자기 전에 다음 날 입을 옷을 골라서 옷장 앞에 접어 둔다. 첫째와 둘째는 티셔츠, 바지, 양말, 외투까지 자기 스타일로 접을 줄 안다. 셋째는 아직 어려서 나와 함께 다음 날 입을 옷을 고르는데, 그래도 양말은 혼자 서랍을 열어 직접 고른다.

우리 부부는 작은 물건 하나를 살 때도 아이의 선택을 존중한다. 외출하기 어려워 온라인 쇼핑으로 대신할 때도 핸드폰 화면을 보여 주며 아이의 의사를 물어보고 마음에 든다고 말하는 제품을 주문해 준다.

그래서 우리 아이들은 "아무거나요"라고 잘 대답하지 않는다. 직접 선택하고 결과를 받아들인 뒤 책임지는 경험을 차근차근 쌓아 나갔기 때문이다. 그 과정에서 때로는 아쉬운 선택을 할 때도 있다. 하지만 나는 아이에게 이야기한다. "다음번에 더 나은 선택

을 하면 되지. 이번 기회에 이 선택의 안 좋은 점을 알게 됐으니 다음번에는 신중하게 고민하고 결정하자." 선택에는 실패가 없다. 더 나은 선택의 기회가 남았을 뿐이다.

② 음식 고르기

주말 가족회의가 열리는 날이면 건의 시간에 아이들이 그다음 주에 먹고 싶은 반찬을 고를 수 있도록 나는 몇 가지 음식을 제안한다. 이 과정을 반복하자 아이들은 자신이 어떤 음식을 좋아하는지 자연스럽게 알게 되었다.

외식을 나가도 아이들은 저마다 자신이 좋아하는 음식을 먹자고 이야기한다. 현실적으로 마트나 백화점의 푸드 코트가 아니고서야 아이들이 원하는 메뉴를 모두 먹을 수는 없다. 그럴 때는 순서를 정해 그날 그 사람이 먹고 싶은 메뉴를 반영해 식당을 결정한다. 예를 들어 어느 날에는 첫째가 좋아하는 음식이 있는 곳으로, 또 어떤 날에는 둘째가 좋아하는 음식이 있는 곳으로 간다. 즉 자연스레 자신이 무얼 좋아하는지 알고 양보하는 마음도 배울 수 있게 환경을 조성한다.

③ 배울 것 고르기

아이들은 매일 책을 펼치고 네 쪽씩 공부를 한다. 하지만 어떤 문제집으로 공부할지는 아이들이 직접 고른다. 보통 서점에 함께 가서 아이들에게 직접 문제집을 골라 보라고 한다. 아이 혼자 수많은 문제집 중에 원하는 것 하나만 고르기 쉽지 않으므로 내가 조금 도움을 준다. 아이 수준에 맞는 문제집 목록을 미리 적어 와서 그 책을 찾아 보여 주고 문제집 선택 기준을 세워서 한 권을 고를 수 있게 안내한다.

때로는 그 문제집이 아니라고 알려 주고 싶을 때도 있지만 꾸역꾸역 말을 삼킨다. 내가 좋다고 생각했던 문제집이 아이에게는 그렇지 않을 수도 있기 때문이다. 또한 아이들은 누군가 자신의 결정에 섣부르게 개입하지 않는 경험을 쌓으면서 주체적으로 성장하게 되고, 부모 또한 아이를 스스로 결정을 내릴 줄 아는 독립적인 인격체로 존중하는 계기가 된다.

잠자리 독서 책도 마찬가지다. 양치질 후에 아이들은 책장에서 영어 그림책 한 권, 한글 그림책 한 권을 직접 골라 온다. 아이들이 책을 챙겨 오면 나와 남편은 그저 읽어 줄 뿐이다. "이건 네 수준에 맞지 않아. 좀 어려워"라거나 "이건 동생들이 읽는 쉬운 책이야" 같은 말은 하지 않는다. 그저 아이가 들고 온 책을 수준에 맞게 읽어 준다.

학원 선택도 동일하다. 우리 부부는 일곱 살이 되는 해부터 원한다면 예체능 학원에 보내 준다고 약속했다. 둘째는 반년 넘게 발레를 배우고 싶다고 이야기했다. 어떤 수업을 듣든 이 또한 아이의 선택이다. 다만 한 달 안에 그만두는 건 허용하지 않는데, 교재비나 준비물 구입비 등 추가 비용이 들어가고 적성에 맞고 재미있는지 확인하려면 최소 두 달은 배워야 한다고 생각하기 때문이다. 당연히 이러한 이유를 아이들에게 상세히 설명하고 아이와 약속한 다음 학원에 보낸다. 초등학교 방과 후 프로그램도 1분기에 해당하는 2~3개월 동안 다녀야 한다고 말해 둔다(이는 『자녀교육 절대 공식』에도 나와 있는 내용이다). 이런 제한 사항이 있으니 아이들은 더욱 신중하게 선택할 수밖에 없다. 제한된 범위에서의 선택이라는 게 바로 이런 뜻이다.

> 자주적인 삶에 대한 이해를 바탕으로 자신의 생활계획을 세우고 실천하여 주체적인 삶의 태도를 기른다.
>
> - '도덕과 교육과정 [초등학교] (1) 자신과의 관계 성취기준'에서 발췌

나는 어린아이들도 주체적인 태도를 가질 수 있다고 믿는다. 어떤 면에서는 미성숙할지 모르나 아이들은 자기 수준에 맞는 범위에서 선택의 기회를 제공하면 고민 끝에 알아서 선택하고 결과에도 오롯이 책임을 진다. 한겨울에 샌들을 신겠다는 아이를 막지 말자. 두꺼운 양말을 신는다면 샌들을 신어도 괜찮다는 허용적인 입

장을 취해 보자. 아이는 선택의 결과를 직접 받아들이면서 자기 행동을 되돌아보는 사려 깊은 사람으로 자라날 것이다.

09

아이가 약속을
잘 지키지 않아요

평상시에 부모는 아이와 자주 갈등을 빚는다. 제때 일어나지 않아서, 밥을 혼자 먹지 않아서, 약속 시간이 다가오는데 꾸물거려서, 오늘 치 공부를 미뤄서, 씻지 않으려고 해서, 양치질을 대충 해서 등등, 하루 동안 아이와 함께하면서 자주 갈등한다.

그럴 때마다 부모는 아이를 타일러 보지만 반복되는 나쁜 행동에는 부정적인 감정을 참을 수가 없다. 결국에는 많은 부모가 참다 참다 소리를 지르거나 화를 낸다. 언성을 살짝 높이며 타이르는 것까지는 그나마 낫지만 화를 내고 나면 부정적인 감정이 걷잡을 수 없이 휘몰아친다.

이 단계까지 가지 않기 위해 부모는 아이와 더 나은 말과 행동을 하기로 약속하기도 한다. 다시는 똑같은 갈등을 반복하지 않기 위해, 그리고 부모 입장에서는 아이가 변하길 기대하며 "새끼손가락 고리 걸고 꼭꼭 약속해. 약속했다!" 노래까지 부르며 손도장을 찍고 약속하는 것이다. 일단 국어사전에서는 약속을 '다른 사람과 앞으로의 일을 어떻게 할 것인가를 미리 정하여 둠. 또는 그렇게 정한 내용'이라고 정의한다.

하지만 이후 아이는 약속한 적이 없다는 듯이 부모 마음에 들지 않는 행동을 반복한다. "앞으로 놀고 나면 스스로 정리할게요!"라고 해놓고는 다음 날이 되면 놀이방과 거실이 엉망인데도 전혀 신경 쓰지 않고, "양치는 엄마가 말 안 해도 스스로 시작할게요"라고 해놓고는 여전히 윽박지르고 소리쳐야 화장실에 뭉그적거리며 들어온다. 되돌려 감기가 아닌가 싶을 정도로 어찌나 태연하게 행동하는지 부모 입장에서는 어떨 땐 고구마를 먹은 듯 답답한 마음이 들 수도 있다.

이처럼 아이가 약속을 안 지키는 때가 반복되면 부모는 자신이 문제인지, 애가 문제인지 헷갈린다. 부모로서 너무 과도한 걸 요구하는가 싶다가도 이건 아니지 싶은 마음이 드는 것이다. 내 속도 아이 속도 몰라서 육아가 엉망진창이라는 생각에 이를 때도 있다.

약속을 잘 지키는 아이로 키우려면

① 약속을 정하는 아이의 마음 헤아려 보기

아이와 약속하기에 앞서 일단 아이의 마음을 잘 살펴봐야 한다. 아이가 현실적인 약속을 하는지, 당장 위기를 모면하려고 뜬구름 잡는 약속을 하는지 확인하는 것이다. 또한 뜬구름을 잡는 배경에 부모의 사랑을 받기 위해 부모가 주도적으로 제시한 약속을 그저 수긍하는 건 아닌지도 세심하게 살펴볼 필요가 있다.

아이와 무언가를 두고 약속하던 때를 떠올려 보자. 혹시 부모가 일방적으로 말을 내뱉고 아이는 그저 고개를 끄덕이지 않았는가? 잘못된 행동을 하고 나서 아이가 자기 행동을 제대로 돌아볼 시간이 30초라도 있었는가? 그런 과정 없이 한 약속이라면 아이는 약속을 지킬 필요를 느끼지 못할뿐더러 지켜 낼 힘도 없다. 정리하자면 자발성이 빠진 약속은 실천할 의지를 가져다주지 못한다.

② 분노는 메시지를 전달하지 못한다

어느 날 첫째와 둘째가 거실을 장난감, 종이, 각종 학용품으로 어질러 놓고는 안방에 쏙 들어간 적이 있다. 정리하라고 열 번 가까이 차분한 목소리로 말했지만 아이들은 안방에서 나올 생각이 없었다. 심지어 내 말을 들은 체 만 체했다. 결국 나는 화가 머리끝까지 차올라 큰 소리로 화내고 말았고 아이들은 눈물을 뚝뚝 흘렸다. 한바탕 폭풍이 지나간 후에 정신이 번뜩 들어 마음을 가다듬고 아이들과 이야기를 나눠 보았다.

"엄마가 왜 화를 냈다고 생각해?"라는 질문에 아이들은 "우리가 말을 안 들어서요"라고 대답했다. 내가 원한 대답은 "정리를 하지 않아서요"였지만 아이들은 내가 큰 소리로 화를 냈다는 것만 기억하고 정작 내가 반복한 메시지는 전혀 떠올리지 못했다.

나는 이날 메시지에는 분노를 실으면 안 된다는 중요한 사실을 깨달았다. 분노가 실리는 순간 아이도 부모도 원래 메시지에 집중하지 못한다. 부모의 감정은 점점 격양되고, 아이는 더욱 방어적인 태도를 보이면서 부모와 자녀 관계가 어그러질 뿐이다.

③ 약속을 잘 지키는 아이로 양육하는 데 필요한 과정

아이가 잘못된 행동을 했을 때 부모는 무엇부터 해야 할까? 먼저 사실관계를 확인하고 아이에게 그 이유를 물어야 한다. 그다음에 가르치려는 메시지를 전달하고 아이의 '자발적인 약속'을 끌어내야 한다.

어느 날 나는 어린이집에서 둘째의 언어생활에 문제가 있다는 피드백을 받았다. 예전 같았으면 하원한 아이를 붙들고 다그치다가 답답한 마음에 화내고 말았을 것이다. 하지만 그런 방식이 아이를 긍정적으로 바꿀 수 없다는 것을 깨달은 후라 평소와는 다른 방식으로 대화를 나누었다. 아이에게 사실을 확인하고 이유를 물은 뒤 내 바람을 차분하게 설명했다. 그리고 아이를 안아 주면서 믿는다고 말하며 응원의 눈빛을 보냈다. 아이는 내 이야기를 집중해서 들어주고는 앞으로 어린이집에서 어떻게 대화를 할지 구체적으로 약속했다.

다음 날 아침에 "엄마와의 약속 잊지 않았지? 뭐였더라?"라고 물으니 둘째는 나와 약속한 '선생님께 존댓말로 예쁘게 말하기'를 자신만의 언어로 표현했다. 둘째와의 약속을 계기로 나와 둘째는 더욱더 가까워졌다.

이처럼 약속은 일방적으로 아이를 다그쳐서 받아 내는 다짐이 아니다. 아이가 자기 행동을 되돌아보고 반성한 다음 자발적으로 다짐할 수 있게 유도해야 한다. 아이의 잘못된 행동이 눈에 보일 때 이 방법을 한번 적용해 보자.

④ 부모도 신중하게 약속할 줄 알아야 한다 _____

사실은 이 부분이 가장 중요하다. 아이들은 부모를 보고 자란다. 때로 많은 부모가 아이를 달래기 위해 지키지 못할 약속을 하기도 한다. 사탕을 또 사달라고 조르는 아이에게 "내일은 사탕 하나 더 사줄게"라고 말하거나 친구랑 헤어지는 게 아쉬운 아이에게 "내일 또 놀이터에 오자"라고 막연하게 약속하는 경우 말이다.

하지만 부모 또한 아이와 약속했다면 반드시 지켜야 한다. 아이들은 어른만큼 융통성이 없어서 약속을 '반드시 지켜야 할 것'으로 여긴다. 따라서 아이들과의 약속이라도 신중해야 하며 한번 내뱉은 말은 지키려고 노력해야 한다. 그 모습을 곁에서 지켜본 아이들은 부모를 본받아 약속을 지키는 사람으로 자랄 것이다.

혹여 약속을 지킬 수 없게 되었다면 구구절절 사정을 설명하며 아이에게 이해를 구할 것이 아니라 우선 약속을 지키지 못해 미안하다고 진심으로 사과해야 한다. 이 모든 과정을 아이는 고스란히 지켜보고 그대로 배운다. 약속은 지켜야 하고, 만약 지키지 못했을 때는 사과가 먼저라는 것을 부모를 통해 깨달아 가는 것이다. 약속을 지키지 못한 사정은 사과 후에 꺼내도 늦지 않다.

> 다른 사람의 관점을 수용할 수 있는지를 도덕적으로 검토하고 도덕규범을 내면화하여 도덕적으로 행동할 수 있는 자세를 기른다.
>
> – '도덕과 교육과정 [초등학교] (1) 자신과의 관계 성취기준'에서 발췌

초등 도덕과 교육과정에서도 도덕규범을 내면화하여 바른 행동을 하는 태도를 중시한다. 약속은 지켜야 한다. 따라서 약속하기에

앞서 신중하게 고민하는 자세가 필요하다. 가족들과 함께 신중하게 약속하는 모습을 배워 갈 수 있도록 오늘부터 시작해 보자.

10

책 읽는 걸
싫어해요

✳ 육아책에 답이 있다

학교에서 도덕 수업을 시작하려는데 한 학생이 책 한 권을 급히 가방에 넣었다. 수업을 마치고 나서 무슨 책을 읽었냐고 물으니 아이는 소설을 읽는 중인데 너무 재미있다며 미소를 띠었다. 그 모습이 인상 깊어 다음 수업 시간에 아이들에게 "요즘 자발적으로 책 읽고 있는 사람 있나요?"라고 물으니 서너 명이 손을 들었다. 책을 읽는 아이가 반에서 10% 남짓하다는 사실에 무척 놀랐다.

아이들은 평소에 책을 읽을 여유가 없다고 했다. 매일매일 피곤을 호소하는 아이들에게 "책 좀 읽어. 책이 얼마나 좋은데"라는 진부한 말을 꺼낼 수 없었다. 아이들의 피로가 말과 표정에서 여실히 드러났기 때문이다.

그날 귀가하니 아이들은 얼마 전 도서관에서 빌려온 책들을 거실에서 보고 있었다. 그 모습을 보면서 나는 생각했다. '우리 아이들만큼은 계속해서 책 읽는 행복을 누릴 수 있도록 도와줘야겠다. 그 어떤 공부보다 독서가 삶을 풍요롭게 하고 일상에서 아주 쉽게 즐거움을 느낄 수 있는 수단이라는 걸 잊지 않도록 노력해야지.' 나의 육아 방식에서 중요한 부분을 차지하는 독서에 관한 가치관은 이렇게 확고해졌다.

나는 육아에 대한 고민이 생길 때마다 육아서적에서 답을 찾았다. 신기하게도 내 질문의 정답이 책에 명확히 나와 있을 때가 많았다. 그래서 아이들도 질문이 생길 때마다 나처럼 책에서 답을 찾아가고, 그 과정에서 지적인 즐거움과 일상의 활력을 얻기를 바랐다. 지금부터 그림책과 육아에 대한 내 생각을 하나하나 풀어내도록 하겠다.

그림책은 4~7세 아이들에게 정말 중요한 놀잇감이다. 아무리 유명한 장난감이나 비싼 교구도 그림책의 가치와는 비교할 수 없다. 그렇다면 왜 그림책을 읽어야 할까? 다음과 같이 세 가지 효과가 있다고 생각한다.

첫째, 다양한 감각을 발달시킬 수 있다. 우선 그림책을 눈으로 보면서 시지각이 발달하고, 종이를 한 장씩 넘기고 손으로 짚으면서 소근육이 발달한다. 또한 부모와 밀착해 이야기를 나누면서 촉각이 발달하고 정서적 안정감을 느낄 수 있다.

둘째, 어휘력을 발달시킬 수 있다. 대부분의 책은 줄거리를 담고 있고, 이것들은 아이들의 상상력, 호기심, 흥미를 끌어낸다. 요즘 문해력이 화젯거리다. 이 문해력의 바탕이 되는 어휘력을 성장시키는 데 그림책만큼 효과가 빠른 것이 없다.

셋째, 일상에서 행복과 즐거움을 쉽게 얻을 수 있다. 세 아이는 지금도 책을 좋아하고 읽을 때마다 혼자 깔깔 웃는다. 이유를 물으면 "너무 재밌어요"라고 답하는 아이들을 보면 그저 웃음이 나온다.

이렇게 아이들이 독서를 좋아하도록 실천한 방법은 다음과 같다.

① 잠자리 독서 활용하기

앞서 살짝 언급했지만 나는 잠자리 독서로 아이들에게 그림책을 읽어 준다. 세 남매는 자기 전에 한글 그림책 한 권과 영어 그림책 한 권을 본다. 아이들은 잠자리 독서를 좋아해서 거실에서 즐겁게 놀다가도 "이제 잘 시간이야. 씻고 읽을 책 골라서 안방으로 들어가자"라고 말하면 하고 있던 놀이를 슬슬 정리한다.

대부분 가정은 밤마다 아이가 잠잘 준비를 제대로 하지 않아 얼굴을 붉힐 때가 많을 것이다. 잠자리 독서는 이런 갈등을 쉽게 줄이는 방법이면서 아이를 정서적으로 편안한 상태로 재울 수 있는 좋은 방법이다.

다만 이때도 주의할 점이 있다. 책은 무조건 아이가 골라야 한다. 부모가 아이에게 읽을 책을 권할 수는 있지만 되도록 아이가 직접 고른 책을 읽어 주길 바란다. 또한 잠자리 독서는 한두 권이면 충분하다. 간혹 서너 권, 많게는 열 권을 읽어 주는 부모도 있는데 자칫하면 아이와 갈등이 생길 수 있다. 무엇보다 책을 읽어 주는 부모가 너무 힘들어서 지속성이 떨어진다. 따라서 더도 말고 더도 말고 한두 권만 읽어 주도록 하자.

② 책을 읽어달라고 하면 꼭 읽어 주자

책을 좋아하는 아이로 키우려면 어릴 때부터 부모가 책을 읽어 주는 것만큼 좋은 방법이 없다. 아이가 아직 책을 좋아하지 않는다면 부모가 곁에서 책을 읽어 주며 좋아하게끔 만들어야 한다. 아이들은 늘 소통할 사람을 찾고 집에서는 부모가 그 대상이 된다. 다른 놀이는 집안일을 해야 해서 같이할 수 없다고 말하더라도 책을 읽어달라고 할 때만큼은 고무장갑을 던져 놓고 빨랫감을 뒤로 미루더라도 일단 읽어 주자.

책을 읽어 주는 동안에는 아이가 '엄마는 내 이야기를 경청하고 원하는 대로 해주시는구나' 하고 느낄 수 있게 해주자. 또한 아이가 놀고 있을 때 "책 좀 읽지, 뭐 하는 거야?"라고 말하지 말자. 그 순간 아이에게 책은 놀이를 하찮게 만드는 방해꾼이 되어 버린다. 그리고 "이건 너무 어려워. 네 수준이 아니야", "이건 너무 쉽잖아. 동생이나 보는 거야" 또는 "이건 너무 재미없더라. 다른 책 들고 오는 건 어떨까?" 등 부모 입장을 여과 없이 드러내는 말은 삼가도록 하자. 아이의 선택을 존중하려면 부모가 개입하지 않아야 한다.

③ 도서관이나 서점을 자주 찾자 _____

아이가 책을 가까이하려면 일단 흥미를 느껴야 하는데, 관심 분야의 책을 들이미는 게 가장 효과적이다. 아이가 지금 무엇에 관심이 있고 좋아하는지 살펴보자. 책을 읽는다는 건 제자리를 유지하면서 눈으로 읽어 내려가며 사고하고 잡생각은 떨쳐 내야만 가능하다. 책이 익숙하지 않은 아이에게는 너무나 지루하고 힘든 놀이일 수 있다. 따라서 아이가 책에 잘 접근하도록 도우려면 평소에 관심을 보이는 사물, 캐릭터, 동물이 나온 책을 추천하는 것이 좋다.

책은 주로 도서관, 대형 서점, 중고 서점, 작은 독립서점에서 구할 수 있다. 모두 책을 고를 수 있는 곳이지만 각각 차이점이 있다. 우선 도서관은 원하는 책을 찾을 수 있어서 편리하다. 추천 도서 목록이 있다면 더욱 좋다. 하지만 아이의 흥밋거리를 찾지 못했다면 좋은 책을 찾기가 하늘의 별 따기나 다름없다.

대형 서점과 중고 서점은 장단점이 비슷하다. 베스트셀러 코너와 매대에는 아무래도 서점에서 홍보에 열을 올리는 도서들이 주로 배치된다. 즉 요즘 아이들이 좋아할 만한 소재를 담은 책이 놓여 있을 가능성이 높다. 아이가 그 코너에서 책을 고를 수 있도록 해보자. 한 권만 집어 들어도 성공이다. 아이가 그 책을 좋아한다면 구입해서 선물로 주는 것도 의미가 있다. 그렇게 아이는 자신의 흥미를 차근차근 찾아 나갈 것이다.

마지막으로 동네 책방도 가볼 만하다. 책방 직원이 책을 잘 추천해 주기 때문이다. 내가 가본 대부분의 독립서점은 아이의 성향이나 흥미에 대해 설명하면 아이가 좋아할 만한 책들을 적극적으로 소개해 주었다. 베스트셀러든 추천 도서든 안 보는 아이라면 집에서 가까운 독립서점에 한번 들러 보자. 대형 서점과는 또 다른 친근함과 친절함의 매력을 느낄 수 있을 것이다.

아이에게 책을 읽히고 싶다면 책이 있는 어느 곳이든 방문해 보자. 아이가 어디서 인생 책을 만나 그 책을 시작으로 독서의 즐거움을 맛볼지 모르니까 말이다.

④ 독서 친화적인 환경 조성

부모가 먼저 책을 읽는 모습을 보여 주자. 어느 해인가 가족 생일에 남편이 저녁 생일파티를 끝내고 나서 책 한 권을 들고 식탁에 앉았다. 그러자 옆에 있던 첫째가 책 한 권을 들고 와서 읽어 내려갔고, 둘째와 셋째도 곁눈질하며 상황을 파악하더니 책을 들고 와서 갑자기 읽기 시작했다. 그때 모델링이란 이런 거구나 하고 느꼈다. 이처럼 부모가 먼저 책 읽는 모습을 보여 주면 아이들도 자연스레 부모를 따라 한다. 그러다 보면 언젠가는 자연스럽게 책을 좋아하게 될 것이다. 물론 곁눈질로 한 번 보고 말거나 눈길을 주지 않을 수도 있다. 그러거나 말거나 책 읽는 모습을 자주 노출하자. 가랑비에 옷 젖듯이 아이들도 자연히 독서의 세계에 인도될 것이다.

퇴계 이황은 "책을 읽음에 어찌 장소를 가리랴?"라고 말했다고 한다. 우리 가족은 여행을 떠날 때도 캐리어에 각자 책 한 권씩 챙긴다. 여행을 가면 누워서 뒹구는 시간이 많은데, 그럴 때 아이들은 자연스럽게 챙겨 온 책을 집어 든다. 아이가 직접 여행지에 가져갈 책을 고를 수 있게 하자. 얼마나 오래 여행을 떠나든 책은 한 권이면 충분하다. 여행지에서 눈에 보이는 곳에 책을 올려 두고 마음이 동할 때 읽을 수 있게 환경만 마련해 주면 된다.

> 행복에 관한 심리적, 사회적, 윤리적 접근 등을 통해 행복의 의미를 종합적으로 파악하고, 삶의 목적과 행복의 관계를 정립할 수 있다.
>
> - '도덕과 교육과정 [중학교] (1) 자신과의 관계 성취기준'에서 발췌

나는 아이가 흥미를 보이는 책이라면 100번도 더 읽어 준다. 반복 독서는 매우 긍정적인 독서 습관이기 때문이다. 어른이든 아이든 좋아하는 노래는 100번도 더 듣고 다양한 장르의 노래를 듣지 않는다고 해서 핀잔을 받지 않는다. 마찬가지로 한 책만 좋아하는 것은 책을 싫어하는 것보다는 훨씬 기특하고 예쁜 마음이다. 아이가 그만하자고 말할 때까지 읽어 주자.

책은 읽을수록 나를 알아가는 도구가 된다. 내가 느끼는 감정, 내가 처한 상황, 내가 누리는 것들, 내게 부족한 것들을 다양한 책을 통해 깨닫는다. 책은 또한 이야기를 통해 삶을 배우는 멋진 수단이 된다. 진짜 의미 있는 책을 만나면 아이는 절로 그 가치를 깨

달을 것이다.

무엇보다 책은 삶의 재미를 느끼게 해주는 좋은 수단이다. 책이 너무 재밌어서 다음 내용이 궁금한 아이는 책을 손에서 놓지 않을 것이다. 손바닥 안에서 진정한 재미를 느낄 기회를 선물해 주는 부모가 많아졌으면 좋겠다.

11

하나부터 열까지
다 챙겨 줘야 해요

"밥은 알아서 떠먹으면 안 돼? 이제 10분밖에 안 남았어!"

"내복을 입고 티셔츠를 입어야지, 내복을 벗어 버리면 어떡해?"

"그 바지는 지금 세탁해서 말리는 중이야. 갑자기 왜 그걸 찾니?"

"양말은 서랍장에 있잖아. 그걸 잊어서 엄마한테 또 물어보는 거야?"

아침마다 아이와 등원 준비를 하다 보면 "하나부터 열까지 엄마가 다 챙겨 줘야 해?"라는 말이 입에 찰싹 달라붙어 있다. 결국에는 짜증 폭탄이 이리저리 날아다니며 화를 내게 된다. 아이들 등원 준비는 왜 이렇게 버거운 걸까?

학교에서도 이와 비슷한 일을 많이 겪었다. 샤프와 지우개, 심지어는 필통을 안 챙겨 오는 아이도 있고, 옆 반에서 빌려오면 될 텐데 수업 시간에 교과서 없이 앉아 있는 아이도 있다. 어떤 아이는 수업 종이 울리고 교사가 교실에 들어서면 그제야 옆 친구에게 필기구를 빌리거나 사물함에서 교과서를 꺼내 들고 온다. 수행평가를 미리 안내했는데도 중요한 도구를 챙겨 오지 않는 아이도 있다.

사람은 자랄수록 필요한 물건을 스스로 챙기고 혼자 할 수 있는 행동이 늘어나야 한다. 그런데 요즘 아이들은 왜 퇴행한 것처럼 스스로 해야 할 것들을 곁에서 누군가 챙겨 줘야 할까? 그런 고민을 하면서 나는 우리 아이들이 제 나이에 맞게 할 수 있는 행동은 혼자 해내도록 '화내지 않고' 가르치고자 노력했다.

자녀 코칭 포인트 좋은 습관을 쌓는 경험을 제공하라

아주 어릴 때부터 아이들은 스스로 할 수 있는 것들이 조금씩 늘어난다. 부모의 모습을 자연스럽게 따라 하기도 하고 꾸준한 학습을 통해 배우기도 한다.

아이가 어렸을 때를 떠올려 보자. 빨대 컵 뚜껑만 닫아도 손힘이

생겨서 잘 해냈다고 박수갈채를 보냈다. 이유식을 넙죽넙죽 받아 먹던 아이가 스스로 밥을 떠먹을 때는 또 어떤가? 이렇듯 많은 부모가 어릴 때는 아이가 작은 행동이라도 스스로 해내면 크게 칭찬해 주곤 했다. 하지만 어느 순간부터 아이들은 칭찬에서 멀어진다. "왜 이걸 못 해!", "이건 좀 혼자 해봐!" 같은 말과 함께 부모의 한숨 소리를 듣는 아이들의 마음은 어떨까?

습관은 어릴 때 잘 형성해 두면 이후에는 수월하게 쌓아 갈 수 있다. 그만큼 기본기가 중요하다. 그렇다면 아이들에게 좋은 습관을 물려주기 위해 부모가 할 수 있는 일은 무엇일까?

① 한 가지만 집중 공략하기

평상시를 떠올려 보자. 언제 아이에게 손길이 가장 많이 가는가? 또 어느 때에 가장 예민해지는가? 아이가 부모 도움을 가장 많이 필요로 하는 때는 언제인가? 아이러니하겠지만 그때가 바로 아이 습관 형성의 골든타임이다. 즉 부모가 가장 필요한 시간은 아이에게 행동의 주도권을 넘기고 차근차근 습관을 쌓도록 하는 가장 좋은 시간이다.

나는 둘째가 외출 준비를 할 때마다 옷 입는 게 어렵다며 투정을 많이 부려 참 힘들었다. 그러다 문득 이런 생각이 들었다. '옷 입는 행동 중 가장 쉬운 건 뭘까? 도대체 무엇부터 가르쳐야 할까?' 고민을 시작하자마자 답을 얻었다. 바로 양말 신기다. 그래서 양말을 한 짝부터 직접 신어 보라고 했다. "엄마가 양말 한 짝 신겨 줄게. 나머지 한 짝은 별이가 신어 보면 어떨까?"

아이는 쉽게 수긍했다. 그날부터 양말 신기 연습을 한 짝에서 두 짝으로, 그리고 바지에 다리 넣기 등 옷 입기 전체 과정을 작게 쪼개서 가르치기 시작했다. 아이가 하루아침에 옷을 완벽하게 혼자 입기를 기대하지 말자. 그런 일은 일어나지 않는다. 첫술에 배부르랴. 양말부터 집중적으로 공략하는 거다. 양말 한 짝만 잘 신으면 일단 성공이다. 이후로 나머지 행동도 차근차근 정복해 나가면 된다.

전날에 양말을 직접 고르게 하고 아침에 아이가 혼자 그것을 신으면 크게 칭찬해 주자. 물질적인 보상은 필요 없다. 아이는 스스로 해냈으며 부모가 가까이에서 진심을 담아 격려해 줬다는 것만으로도 기뻐할 것이다.

② 육아에도 적용되는 파레토 법칙 _____

먼저 '파레토 법칙'을 알아보자. 파레토 법칙 또는 '80 대 20 법칙'은 전체 결과의 80%가 전체 원인의 20%에서 일어나는 현상을 가리킨다. 예를 들어 20%의 고객이 백화점 전체 매출의 80%에 해당하는 수준으로 구매할 때 이 용어를 쓰기도 한다. 그 외에 즐겨

입는 옷의 80%는 옷장에 걸린 옷의 20%에 불과하다거나 성과의 80%는 근무 시간 중 집중력을 발휘한 20%의 시간에 이뤄진다는 등 실제로 적용되는 예가 많다.

이 법칙은 육아에도 똑같이 적용된다. 아이들 습관의 80%는 어릴 때부터 잘 쌓은 20%의 습관으로 형성된다. 20%의 습관이 20%의 효과만 내지 않는다는 뜻이다. 『88연승의 비밀』에서 존 우든John Robert Wooden 감독은 팀원들에게 양말 신는 법부터 가르쳤다고 한다. 사소한 것도 꼼꼼하게 잘 해내면 그 태도가 몸에 배서 다음 행동을 잘 해낼 수 있다는 것이다. 이처럼 사소한 행동이라도 습관을 잘 쌓으면 아이는 성취감과 자신감을 얻고 자신을 긍정적으로 바라보면서 다음 행동을 이어서 시도해 볼 용기를 낸다. 다시 말해 작은 행동이라도 조금씩 발전시킬 수 있게 끊임없이 격려하는 것이 핀잔을 주는 것보다 100배 낫다.

하나부터 열까지 챙겨 줘야 하는 아이 이야기를 하다가 갑자기 왜 파레토 법칙과 습관을 이야기하는지 궁금할 것이다. 이 모든 건 연결되어 있다. 즉 하나부터 열까지 챙겨 줘야 하는 아이는 그 시기에 쌓아야 할 습관을 제대로 형성하지 못했기 때문이다. 아이는 성장하면서 점차 홀로서기를 준비한다. 따라서 우리는 삶에 필요한 좋은 행동과 습관 중 20%만 잘 쌓는 데 집중하면 된다. 그 시기가 바로 4~7세. 이 적기를 쉽게 생각해서 지나쳐 버리고는 "왜 이렇게 혼자 할 수 있는 게 없어!"라고 핀잔을 주는 부모가 되진 말자.

③ 교육 전문가인 기관 선생님과 적극적으로 소통하기

한동안 나는 셋째를 또래 아이들보다 어리게 여기고 있었다. 평소에는 눈치채지 못하다가 어느 날 어린이집 선생님의 "오늘 결이는 양말 신고 벗기를 연습했어요. 이제는 스스로 잘합니다"라는 말을 듣고 내 생각이 잘못되었다는 걸 깨달았다. 그때 셋째는 30개월이었다. 당시 집에서 양말을 고르는 것만 시켰지 신어 보라고 해본 적은 없어서 '혼자 신고 벗는 것까지 가능하다고?' 하며 크게 놀랐다. 내가 아이를 너무 어리게 보고 있었던 것이다.

그날 이후로 나는 어린이집의 교육과정과 알림장 앱을 통해 어린이집 선생님의 전달 사항을 유심히 살펴보았다. 우리 아이가 어떤 건 할 수 있고 어떤 건 아직 배우지 않았는지 주의 깊게 볼 필요가 있다고 여겼기 때문이다. 기관에서는 양말 신기를 가까스로 배워 왔는데 집에서는 스스로 양말을 신을 기회조차 주지 않는다면 이것만큼 아쉬운 일이 없다.

반대로 집에서 스스로 할 수 있게 된 것은 선생님께 자연스럽게 전달하기도 했다. 가정과 기관이 유기적으로 연결되어 아이를 돌보면 아이에 대한 과한 기대는 거두고 가능한 것은 해볼 기회를 수월하게 줄 수 있다. 그러면 아이도 혼란스러워하지 않는다.

> 자주적인 삶에 대한 이해를 바탕으로 자신의 생활계획을 세우
> 고 실천하여 주체적인 삶의 태도를 기른다.
>
> — '도덕과 교육과정 [초등학교] (1) 자신과의 관계 성취기준'에서 발췌

삶의 주도권을 아이에게 넘기자. 물론 아직 미성숙한 아이에게 모든 주도권을 넘길 수는 없다. 하지만 숟가락을 처음 들고 밥을 먹던 아이를 바라보던 그 표정으로 아이를 여유롭게 지켜보는 부모가 되었으면 좋겠다. 하나씩 차근차근 아이가 할 수 있는 행동이 늘어나면 그걸로 충분하다. 과한 기대는 금물이다. 그리고 부모가 나서서 해주는 일은 비중을 조금씩 줄여 나가자.

유치원생이라면 이것만큼은 스스로

1. 필통 챙기기

아이들은 집에서 공부하거나 숙제를 할 때 연필꽂이에서 필기구를 꺼내 쓸 때가 많지만 정작 연필꽂이 정리는 주로 부모가 한다. 나는 연필꽂이보다 간단하게라도 필통을 마련해 주는 것을 추천한다. 어차피 학교에 들어가면 필기구(연필과 지우개)를 필통에 넣어서 다니게 된다. 따라서 가정에서 자기 필기구를 관리하고 특히 공부할 때 필통이 필요하다는 것을 인식할 수 있도록 습관을 미리 만들어 주면 좋다.

2. 유치원 가방은 스스로 메기

부모가 아이의 가방을 들어 줄 때가 많다. 체구가 작은 아이가 큰 가방을 메는 게 안쓰러워서 그러는 줄은 잘 알지만 아이가 자기 가방을 스스로 챙기고 멜 수 있게 돕는 것이 낫다. 혹여 아이 가방이 너무 무거워서 들어 주고 싶은 마음이 생긴다면 가방에 든 물건 중 한두 개만 빼서 보조 가방에 넣은 채로 들어 주면 좋다. 아이가 '내 물건은 내가 챙겨야지'라는 책임 의식을 가질 수 있게 어릴 때부터 습관을 심어 주자. 적어도 6세라면 자기 가방은 스스로 멜 수 있다고 생각한다.

한글 빨리 안 떼서 자존감이
떨어질까 걱정돼요

부모는 자식 걱정이 끊이지 않는다. 혹시 어디가 아플까, 어디 가서 주눅 들지 않을까, 친구를 사귀지 못하면 어쩌나, 선생님께 미움받지 않을까 등등 하루에도 수없이 이어지는 걱정 속에서 육아를 이어 나간다.

4~7세 아이를 키우는 엄마들에게는 공부에 관한 걱정도 빠지지 않는다. 한글은 알고 초등학교에 들어가야 한다는데 관심이 없는 아이를 붙들고 어디서부터 어떻게 가르쳐야 할지 걱정이 이만저만이 아니다. 때로는 부모보다 조부모, 외조부모가 더 많이 걱정하기도 한다. 다른 집 아이들은 이미 한글을 떼고 술술 쓰기까지 한다는데 손주가 학교에 가서 주눅 들면 어떡하나 싶어 아이 부모에게

한 마디씩 더 한다는 게 큰 스트레스로 다가온다는 집도 있다.

이처럼 많은 어른은 아이가 한글을 몰라서 자존감이 떨어지지 않을까 걱정하곤 한다. 여기서 자존감은 '자아존중감'의 줄임말로 간단하게 설명하자면 스스로 품위를 지키고 자기를 존중하는 마음이다. 자세히는 자신이 사랑받을 만한 소중한 존재이고 어떤 성과를 이루어 낼 만한 유능한 사람이라고 믿는 마음을 말한다.

헷갈리기 쉽지만 자존감과 자신감은 엄밀히 다른 개념이다. 자신감은 남과의 비교 속에서 자기 능력을 긍정하는 것으로 비교의 감정을 담고 있다. 이와 달리 자존감은 남들과는 상관없이 자기 자신을 소중히 여기는 마음이다.

여기서는 자신감이 아닌 자존감에 대해 이야기를 나눠 보고자 한다. 우리 주변에는 자존감이 낮은 아이가 많다. 자신이 사랑받을 만한 가치가 없다고 여기거나 어떤 걸 배워도 제대로 해내지 못할 것이라는 부정적인 믿음이 강한 아이들 말이다. 교사이자 엄마로서 나는 내 아이들이 단단하고 흔들리지 않는 자존감을 지닌 사람으로 자랐으면 하는 마음이 컸다.

진짜 자존감을 키우는 방법

① 한글 교육은 어떻게 시작해야 할까? _____

한글 교육에 대해 할 말은 많지만, 우선 한글을 모른다고 해서 아이의 자존감이 떨어지지는 않는다. 앞서 말했듯이 자존감은 자기 능력을 남과 비교하는 마음이 아니기 때문이다. 오히려 자존감이 높은 아이는 '한글을 잘 몰라도 노력한다면 충분히 해낼 수 있어. 그리고 한글을 잘 아는 것과 상관없이 나는 충분히 사랑받을 만한 존재야'라는 믿음을 가지고 있다.

그러니 한글을 모른다고 해서 자존감이 떨어질까 걱정하지 말고, 그보다는 아이의 한글 공부 적기를 잘 찾는 게 더 중요하다. 적기 교육은 아이가 배울 준비가 되어 있을 때 공부할 수 있게 돕는 것이다. 아이는 한글을 배울 준비가 전혀 되어 있지 않는데 부모가 학습지, 문제집, 패드를 들이밀면서 공부를 강요하는 건 적기 교육이 아니다. 오히려 공부가 어렵고 힘들며 재미없는 데다 하기 싫은데 부모가 강요하는 것으로 받아들일 수도 있어서 조심스럽게 접근해야 한다.

100세 시대라 '평생교육'이라는 말을 흔히 쓰는 요즘, 아이들은 앞으로 꽤 많은 시간 공부해야 할 것이다. 세상에는 배울 것이 너무나 많고 사람은 인간관계, 책, 수업을 통해 배움으로써 성장한다.

그런데 4~7세부터 공부에 지치고 부정적인 정서를 가지게 된다면 아이의 공부 앞길이 결코 수월하지는 않을 것이다. 아이의 공부 적기를 기다려 보자. 아이가 주도적으로 뭔가를 배우려는 시간은 반드시 찾아올 것이다.

"엄마, 친구 ○○이가 책 읽는 것 보고 엄청 놀랐어요. 나도 한글 읽고 싶어요." "엄마, 유치원 친구 △△은 나한테 편지 엄청 잘 써 줘요. 나도 편지 써주고 싶은데 쓸 줄 몰라요. 도와주세요." 첫째와 둘째가 했던 말이다. 느긋하게 기다리니 아이들이 먼저 한글 공부를 하고 싶다고 이야기했다. 첫째와 둘째 모두 6세부터 한글 공부를 자발적으로 시작했다. 아이들이 좋아하는 캐릭터가 들어간 교재와 필기구를 장만해서 더도 말고 덜도 말고 하루에 딱 네 쪽씩 한글 공부를 했다. 이렇게 공부를 이어 가자 아이들은 한글을 점점 많이 읽을 수 있다는 즐거움에 빠져 어떤 날은 여덟 쪽, 또 어떤 날은 열 쪽씩 공부하기도 했다.

아이가 공부할 때 부모는 절대 조바심을 내면 안 된다. 또한 가르치면서 화내지 않도록 주의해야 한다. 혹여 부모가 직접 가르칠 시간이 없다면 방문학습지나 공부방의 도움을 받을 수도 있다. 하지만 아이의 공부하는 마음과 학습 과정에 세심한 관심을 보여야 한다.

아이를 앞에 두고 아이에 대한 부정적인 말을 주고받지 말자. 누가 내 앞에서 대놓고 나를 험담한다고 생각해 보자. 얼마나 기분이 나쁠까? 그런데 어른들은 아이 험담을 아이 앞에서 너무 쉽게 한다. 남들 앞에서는 아이의 좋은 점만 이야기하고 칭찬해 주자. 굳이 과하게 칭찬을 쏟아내지 않아도 된다.

"오늘 슬이는 집에 오자마자 수학 문제집을 미루지 않고 풀었어. 그리고 별이는 금요일이라서 집에 가져온 실내화를 스스로 빨아서 베란다에 말린다고 세워 뒀지 뭐야. 결이는 수건을 개서 화장실에 가져다 놓는 일을 나랑 같이했어." 남편이 퇴근해서 귀가하면 나는 남편에게 이런 식으로 말을 건넸다. 이렇게 아이들의 행동을 구체적으로 칭찬하면 아이는 기분이 좋아지고 아빠에게 한 번 더 칭찬받게 된다. 자기 행동이 가족에게 주는 기쁨을 이해하고 앞으로 긍정적인 행동을 더 자주 해야겠다는 다짐으로 이어지기도 한다.

③ 잘하지 못해서 울고 소리 지르는 과정을 견디게 하자 _____

"종이접기 잘하고 싶은데 잘 안 돼서 너무 속상해요! 진짜 잘하고 싶은데!" 아이가 색종이를 접다 말고 종이접기가 잘 안 된다며 소리를 지르고 운다. 그럴 때 나는 기다린다. 다만 예의 없는 표현을 하거나 지나치게 고성을 내면 적당히 제지를 가한다. 한참 후에 아이가 진정하고 나서 이야기를 들어보았다.

아이는 종이접기가 생각만큼 잘되지 않아서 너무 답답하고 속상했다고 말했다. 친구들에게 실력을 뽐내고 싶은데 마음만큼 실력이 늘지 않으니 답답한 게 당연하다. 하지만 아이의 이야기를 듣고 나서 나는 이렇게 이야기했다.

🧑 "별아, 너 한글 바로 쓸 수 있었어? 전날 배운 내용들 전부 다 기억나?"

👧 "아니요."

🧑 "그거 봐. 배운다고 해서 하루아침에 실력이 팍팍 늘지 않아. 무엇을 배우든 시간이 쌓여야만 하는 거야. 종이접기도 마찬가지야. 꽃 접기는 오늘 처음 도전한 거잖아. 그러면 며칠 더 연습하면 되는 거야. 어렸을 때 젓가락 잡는 것도 하루 만에 해낸 게 아니잖아. 계속 연습해서 결국 잔멸치까지 잘 집어서 먹게 된 거지."

닭똥 같은 눈물을 뚝뚝 흘리던 아이는 언제 그랬냐는 듯 소매로 눈물을 훔치고 내 이야기를 들어 주었다. 흔히 부모들은 아이가 못하는 것을 얼른 채워 줘야 한다고 생각한다. 하지만 오히려 아이가 좋아하고 잘하는 것을 더 잘하게 만드는 게 더 나은 전략일 수 있다. 노래는 잘 부르지만 그림은 서툰 아이를 붙들고 억지로 그림을 그리게 하는 것보다 노래 실력이 더 좋아지게 하는 편이 더 효율적일 수 있다는 말이다. 이렇듯 잘하는 점을 발전시킬 기회를 주면 아이는 스스로 잘 해낼 수 있다는 믿음을 가지고 언젠가 그림을 제대로 그려야 할 때 과감히 도전해 끈기 있게 노력할 것이다.

> 자신의 감정을 소중히 여기며 존중하는 태도를 바탕으로 내가 누구인가를 탐구한다.
>
> — '도덕과 교육과정 [초등학교] (1) 자신과의 관계 성취기준'에서 발췌

내 생각대로 아이를 키우려 하지 말자. 아이의 흥미, 관심, 능력을 뒤에서 따라가며 지원해 주는 부모가 되자. 간혹 한글을 잘 모르는 아이보다 부모가 더 조바심을 낸다. 태어나서 처음으로 뭔가를 익혀 나가는 아이에게 자존감을 무너뜨리는 소리는 하지 말자. "이것도 못 해?", "제대로 읽어 보라고!", "이렇게 해서 학교는 어떻게 갈 거야?"와 같은 말은 아이에게 상처를 줄 뿐이다. 뭔가를 배우려고 하는 마음을 응원하고 곁에서 세심히 도와줌으로써 아이가 자기 자신을 사랑하는 마음을 가질 수 있게 잘 조력하는 부모가 되기를 바란다.

3장

배려:
인간관계의 기본자세

01

하루 동안 있었던 일을
말하지 않아요

부모와 자녀 관계는 가정마다 다양하며 학교에서도 학생마다 다르게 나타난다. 부모와 여전히 사이가 좋은 아이, 부모와 조금씩 소원해지는 아이, 심각하게는 부모와 대화가 단절된 아이 등 나는 학교에서 다양한 관계 유형을 보았다. 그 외에 부모와 세대 차이를 심하게 느끼거나 부모가 자기 이야기를 잘 들어주지 않아 속상해하는 아이들도 종종 있었다.

아이를 낳고 키워 보니 사춘기 자녀가 부모와 일상 이야기를 편하게 주고받는 건 정말 좋은 관계를 유지하고 있다는 신호임을 알게 되었다. 한편으로는 교사로서 부모와 말이 통하지 않는 아이의 마음과 그런 아이의 생각을 받아들이지 못하는 부모의 마음이 양쪽 모두 이해되었다.

사춘기는 아이의 독립 욕구가 극에 달하는 시기다. 누구의 따스한 조언도 잔소리로 치부하며 듣기 싫어하는 아이가 많다. 그런데 문제는 미취학 아동을 키우는 집에서도 아이가 입을 꾹 다물고 자기 이야기를 잘 하지 않는 경우가 있다는 것이다.

이유는 다양하다. 자기 생각과 경험을 말로 표현하는 게 서툴러서, 지금 하는 놀이에 많이 집중하고 있어서, 또는 혼날 만한 일을 했기에 말하면 오히려 손해라서 등이다. 그래서 나는 아이들과 대화할 때 눈을 바라보며 편안하게 대하려고 노력했다. 사춘기까지는 바라지도 않았고, 그저 초등학교 저학년 때라도 서로의 생각을 솔직히 드러낼 수 있는 편안한 대화 상대가 되었으면 좋겠다는 바람이었다.

(자녀 코칭 포인트) **밥상머리 교육,**
진부하지만 진짜 대화가 시작되는 시간

나는 저녁 식사를 활용해 아이와 대화하는 방법을 택했다. 즉 하루에 단 한 번 가족이 함께 모여 밥을 먹는 저녁 시간을 우리 가족의 밀도 있고 활발한 대화의 장으로 마련했다. 밥상머리 교육이라고 들어본 적이 있을 것이다. 밥상머리 교육은 '온 가족이 함께 밥을 먹는 자리에서 이루어지는 인성, 예절 등에 대한 교육'을 일컫는다.

밥상머리 교육은 예부터 일상에서 큰 비중을 차지하는 식사 중에 대화를 주고받으며 의사소통 능력을 기르고 자녀가 부모에게서 예절을 배울 수 있는 장으로 중요하게 생각되어 왔다. 구체적으로는 웃어른이 수저를 떠야 식사를 시작할 수 있으니 공경과 절제를 배울 수 있고, 다른 식구들의 밥을 챙기는 과정에서 배려와 나눔의 가치를 익힐 수 있다. 또한 대화하는 과정에서 경청하는 능력, 대화 맥락을 이해하는 능력, 감정과 상황을 전달하는 표현력 등을 비롯해 각종 의사소통 능력을 기를 수 있다. 식기를 준비하고 정리하는 과정도 식사 시간에 포함되는데, 이를 통해 공동체 의식, 봉사 정신, 책임감을 기르는 것도 가능하다.

그만큼 가족에게 있어서 식사 시간은 그 어느 때보다 중요하다. 예절을 배울 수도 있지만 오늘 있었던 일에 대해 편하게 대화할 수 있다는 점에서 더욱 그렇다.

① 온 가족이 함께하는 저녁 식사 시간 _____

그래서 나는 저녁 시간만큼은 온 가족이 한 식탁에 둘러앉아 함께 밥을 먹는 문화를 만들기 위해 노력했다. 때때로 남편이 늦게 퇴근하는 날이면 아이들에게 오후 간식을 조금 더 든든하게 주어서라도 밥을 같이 먹으려고 했다.

혹여 주말 부부나 야간 근무를 하는 가정이라면 평일 아침 또는 주말 식사를 적극적으로 활용하면 어떨까? 적어도 일주일에 두세 끼 정도는 온 가족이 함께 모여 편안한 분위기에서 일상 대화를 나누며 즐겁게 식사하는 게 좋지 않을까? 아기가 있다면 쉽지 않겠지만 조금만 생각을 바꾸면 된다. 이유식을 먹는 아기라서 식사 시간을 바꾸기가 힘들다면 장난감과 간식으로라도 유아 의자에 앉혀서 서로 눈을 맞추며 대화하는 가족들을 바라보는 환경을 만들어 주면 된다.

② 가벼운 일상 대화 나누기 _____

자칫하면 부모는 식사 자리에서 잔소리 폭격기가 될 수도 있다. "바로 앉아", "몸 흔들지 마", "골고루 먹어", "얼른 씹어" 등 아이가 자라나는 시기에 부모는 크고 작은 훈계를 할 수밖에 없다. 하지만 달리 생각해 보면 아이가 편하게 밥을 먹는 시간이야말로 아이의 솔직한 이야기를 들어볼 수 있는 유일한 시간이다.

아이가 평소 좋아하는 국과 반찬을 먹으며 해맑은 표정을 지을 때만큼은 잔소리를 접어 두고 일상 이야기를 해보는 건 어떨까? 나는 잔소리를 하지 않기 위해 눈을 질끈 감고 때로는 내가 먼저 그날 있었던 이야기를 자연스레 꺼내 놓았다. "엄마는 오늘 엄마 친구 현주를 만났는데 너희 잘 지내냐고 물어보더라. 그래서 엄마가 잘 지낸다고 이야기했어. 그렇게 말하고 나니 슬, 별, 결이가 보고 싶었어. 오늘 슬이는 학교에서 별일 없었어?"

아이들에게 형사가 취조하듯 물어보면 아이들은 그 뉘앙스를 금방 눈치채고 부모의 질문을 부담스러워한다. 따라서 아이에게 먼저 질문하기보다는 부모부터 자기 이야기를 꺼내면 대화의 장을 수월하게 열 수 있다. 아이들은 생각보다 부모의 하루를 궁금해한다. 회사에서 무슨 일을 하는지 누구를 만나 무슨 이야기를 나눴는지 등 관심이 없을 것 같은 아이도 부모가 선뜻 사소한 이야기부터 꺼내기 시작하면 뒤 내용이 궁금해서라도 귀를 기울인다.

따라서 뜬금없이 아이에게 질문 세례를 퍼붓지 말고 궁금한 점을 따스한 문장으로 잘 포장해서 먼저 전해 보자. 그러면 아이도 부모의 이야기를 듣고 나서 자기 이야기를 자연스럽게 풀어낼 것이다.

③ 식사 시간의 별미: 자찬 타임

어느 날은 세 살인 막둥이가 갑자기 이런 말을 했다. "오늘 결이 어린이집에서 밥 잘 먹었어요!" 그 말을 듣고 나서 나는 박수를 쳤다. 그러자 신기한 일이 벌어졌다. 다른 가족들도 한마음으로 박수를 치며 막둥이를 칭찬한 것이다. 이렇게 칭찬 타임이 끝나나 싶더니 갑자기 첫째와 둘째도 각자 자랑거리를 꺼내 놓았다.

묻지도 않았는데 아이들이 먼저 술술 이야기하는 상황이 참 신기했다. 그 틈을 놓치지 않고 아이들에게 질세라 남편과 나도 그날 있었던 일 중 가족에게 칭찬받고 싶은 이야기를 꺼냈다. 그날부터 우리 가족의 자찬 타임은 건전한 식사 문화로 자리 잡았다.

자찬 타임은 식사 중에 누군가 자신을 칭찬하면 다른 가족들로부터 박수를 받고 다시 다른 사람이 자신을 칭찬하는 순서로 진행된다. 이 과정을 통해 아이들은 자존감과 자신감을 기를 수 있다. 온 가족이 서로에게 따스한 말을 건넴으로써 가족애를 높일 수 있는 언어문화를 만드는 것은 돈도 들지 않고 시간도 길게 걸리지 않는다. 하지만 그 과정을 통해 얻을 수 있는 긍정적인 효과는 기대 이상이다.

> 정서적, 배려적 공동체로서 가정의 특성과 도덕적 기능을 파악하고, 가정에서 발생하는 갈등을 공감적인 소통과 민주적인 과정을 통해 해소하는 의지를 기른다.
>
> – '도덕과 교육과정 [중학교] (2) 타인과의 관계 성취기준'에서 발췌

아이가 점점 자랄수록 대화할 기회는 적어진다. 어릴 때부터 아

이와 부모가 일상 대화를 나누는 시간을 꾸준히 가져야 아이와 내가 서로 다른 존재임을 인식하면서 아이만의 생각이 자라는 모습을 가까이에서 볼 수 있다. 기관이나 학원을 다니는 시간을 제외하면 아이와 얼굴을 마주하고 이야기할 시간이 그리 길지 않다. 점점 더 줄어들 수밖에 없는 대화 시간을 어떻게든 사수하기 위해 노력하는 현명한 부모가 되면 좋겠다. 정서적 공감대가 많은 아이는 가족이라는 울타리 안에서 안정적이고 건강하게 자랄 수밖에 없기 때문이다.

02

자꾸 설거지하겠다는
아이가 귀찮아요

둘째는 유독 집안일에 관심이 많았다. 네다섯 살 때부터 설거지하겠다고 나서질 않나 실내화를 씻겠다고 하질 않나, 엄마 입장에서 아이의 의욕이 그리 달갑지 않았다. 뒤처리할 게 불 보듯 뻔했기 때문이다.

설거지를 한다면 거품 칠을 제대로 하지 않은 채 어설프게 헹궈서 거품이 그대로 묻어 있을 테고 사기그릇이 깨지지 않을까 걱정해야 한다. 수도세 아까운 줄 모르고 콸콸 틀어 놓은 수도꼭지의 물소리는 듣기만 해도 스트레스이거니와 싱크대 밖으로 다 튀어 버린 물을 닦는 것도 나의 몫이다. 마지막에는 아이의 옷소매가 다 젖어서 결국 샤워까지 해야 한다.

실제로 모두 겪었던 일이다. 아무것도 모르던 초보 엄마 시절 아이가 집안일을 하겠다고 나서는 게 기특해서 시켰더니 이 같은 일이 앞다퉈 일어났다. 그래서 그다음부터는 절대 아이가 설거지하지 못하게 갖은 핑계를 댔다.

하지만 둘째는 언제 그랬냐는 듯 다시 하겠다고 나섰다. 심지어 둘째가 움직이자 첫째도 나서기 시작했다. 설상가상이다. 나는 차라리 식사하고 나서 식탁 아래에 떨어진 음식물을 닦는 게 어떠냐고 제안했다. 하지만 아이들은 완고하게 설거지를 하고 싶다고 졸랐다. 그날따라 답답한 마음에 이유를 물어보니 아이들의 답은 전과 같았다. "설거지하면 재밌잖아요. 재밌어서 하고 싶어요."

✳ 설거지에 관한 감동적인 일화

아이들과 설거지를 두고 설왕설래하는 동안 학교에서의 일화가 불현듯 떠올랐다. 나는 도덕 수업 시간에 중학교 3학년 아이들에게 '부모님을 위하는 행동을 하고 부모님의 반응을 솔직하게 적어 오는' 숙제를 낸 적이 있다. 대부분의 부모는 "그냥 하지 마. 무슨 집안일을 한다고 그래", "방에 들어가서 공부나 해", "핸드폰 보지 말고 잠이나 좀 일찍 자" 같은 반응을 보였다. 그런데 한 남학생 부모의 답은 꽤 감동적이었다. "현우야 고마워. 현우가 설거지를 해준다니까 진짜 고맙네. 사랑해."

나는 답변을 읽고 나서 아이 얼굴을 다시 보았다. 다른 부모들의 답변과 온도 차가 너무 컸기 때문이다. 교사인 나도 감동할 만한 답변이었다. 이 아이는 부모와 사이가 좋다고 했다. 평소 생활 태도가 꽤 모범적이고 학급에서 맡은 역할도 생색내지 않고 해내는 인성이 뛰어난 아이였다. '정답은 이거였구나. 부모의 마음이 따스하면 아이도 남다른 행동을 하는구나' 하고 아이가 부모의 온기를 고스란히 닮아 간다는 것을 알게 된 계기였다.

이 일화가 문득 떠오르고 나니 아이의 집안일 돕기를 마냥 거부할 수 없었다. 즐거워서 집안일을 하겠다는 아이를 말리는 건 나에게도 도움 될 게 없는 선택이었다. 나는 공부만 잘하는 아이로 키우려고 했던 게 아니었다. 집안일을 함께함으로써 협력과 배려를 배우고 남을 도울 줄 알며 가사노동의 힘듦을 이해하는 아이로 자라길 원했다. 그래서 아이를 적극적으로 집안일에 동참시키는 대신 그 학생의 부모처럼 아이를 칭찬하고 사랑을 표현해 줘야겠다고 마음을 고쳐먹었다.

아이의 집안일은 독립심과 이타심을
잡을 수 있는 기회

내가 그렇게 태도를 바꿨던 것은 아이가 집안일을 돕는 과정에서
독립심과 이타심을 기를 수 있다고 판단했기 때문이다. 나는 아이
의 흥미와 도전 의식을 존중하는 차원에서 설거지를 비롯한 집안
일을 허용해 주기로 했다. 아이가 무언가를 하고자 할 때는 그 욕
구를 꺾어서는 안 된다. 자칫하면 도전 의식이 사라져서 '하고 싶
긴 한데…… 해서 뭐 하겠어', '제대로 해본 적도 없으니 나는 잘
못 할 거야' 등 부정적 자아감이 생길 것이 뻔하기 때문이다.

나 또한 어느새 무엇을 쉽게 시도하지 못하는 어른이 되어 있었
다. '해봐야 잘 안 될 것 같은데?'라는 나를 갉아먹는 사고가 머릿
속을 자연스럽게 지배하고 있었고 그 틀을 깨는 데 몇 년이 걸렸
다. 실패하더라도 그 속에서 배우는 게 있고, 도전은 그 자체만으
로도 가치 있는 일임을 깨닫는 건 연륜이 쌓인 어른 입장에서도 쉽
지 않았다.

아이들에게는 이런 부정적인 사고를 물려주고 싶지 않았다. 재
밌어서 하고 싶어 하는 일이라면 그것을 해보는 기회를 줘야겠다
고 마음먹었다. 아이는 단순히 재밌어 보여서 하려는 것이지만 집
안일을 돕는 데는 가족을 위해 봉사한다는 가치가 숨어 있다.

"누군 그걸 몰라서 안 시키나요? 아이를 키우는 게 생각보다 너무 힘들어요. 아이에게 집안일을 허용해 주다가 뒤치다꺼리하는 게 더 버거워요." 누군가는 이렇게 반문할 수도 있겠다. 나도 아이 셋을 키우다 보니 이런 고충을 잘 알고 있다. 그래서 아이에게 집안일을 시키되 뒤처리를 줄이는 방법을 소개하겠다.

첫째, 아이가 하고 싶다고 해서 모든 일을 다 시키지는 않는다. 우리 집에서는 집안일을 하려면 여유 시간이 있을 때만 가능하다. 예를 들어 10분 뒤에 양치질하고 잠자리 독서를 해야 하는데 갑자기 "엄마! 나 설거지 하고 싶어요"라고 하면 아이의 의도는 존중해 주되 이렇게 말한다. "설거지를 하고 싶니? 하지만 오늘은 곧 썻고 책을 같이 읽어야 해. 내일 저녁 먹을 때 미리 이야기해 주면 설거지를 할 수 있게 엄마가 도와줄게. 설거지 예약할래?" 우리 집만의 '집안일 사전예고제'를 시행하는 것이다. 즉 불쑥 제안하는 집안일은 부드럽게 거절하고 사전에 시간을 두고 제안하는 집안일은 허락해 준다.

둘째, 부담이 안 되는 범위의 집안일을 허용하고 가이드라인도 제시한다. 아이가 설거지를 하고 싶어 하면 스테인리스 식판, 수저 등 깨지고 부서질 염려가 없는 그릇만 설거지하게 한다. 아이가 빨래를 하고 싶어 할 때도 마찬가지다. "네 속옷과 양말을 직접 빨아

주면 정말 고마울 것 같아"라는 식으로 아이 뜻을 존중하면서 부탁하듯 표현하면 아이도 함박웃음을 지으며 내 제안을 받아들인다. 수건을 개는 것도 마찬가지다. 행주나 작은 수건들을 접어 주면 좋겠다고 이야기하면 아이는 신나게 행주를 접기 시작한다.

② 3세 아이도 동참하는 집안일

우리 집 막내는 수건 정리 달인이다. 두 돌이 지나고서부터 '접은 수건 배달'에 동참했다. 만 30개월이 다 되어 갈 즈음에는 행주와 고리 수건을 접기 시작했는데, 마치 자신의 사명인 것처럼 아주 즐겁게 해내고 있다. 첫째와 둘째는 하고 싶을 때 설거지를 하고 주말에 실내화를 직접 씻는다. 나는 아이들이 실내화 헹구는 걸 도와달라고 하면 기꺼이 도와준다. 아이 능력 밖의 일이 껴 있다 해서 다그치며 아예 하지 않도록 막는 게 아니라 아이의 뜻을 존중하는 것이다. 거품을 묻혀 박박 씻은 그 마음만으로도 이미 고맙고 사랑스럽다.

> 효, 우애의 의미와 필요성을 명료하게 이해하고 가족의 행복을 위해 할 수 있는 일을 탐색하여 실천 계획을 세운다.
> – '도덕과 교육과정 [초등학교] (2) 타인과의 관계 성취기준'에서 발췌

아이가 집안일을 하려는 뜻을 절대 꺾지 말자. 아이의 도전하려는 마음을 온 마음 다해 존중하는 부모의 너그러움이 필요하다. 이는 곧 부모의 집안일이 얼마나 힘든지 아이가 직접 경험해 보며 헤아릴 수 있는 계기가 된다. 부모가 조금만 더 지혜롭게 아이의 행동을 수용하면 아이도 존중받고 부모도 뿌듯하게 하루를 마무리할 수 있다. 집안일을 한 번도 시키지 않고 키웠으면서 나중에 아이에게 "너는 설거지도 할 줄 모르니?"라며 나무라는 부모가 되지 말자. 아이가 뭔가를 시도해 보려는 골든타임을 놓쳐서는 안 된다.

03

형제들과 하루가
멀다 하고 싸워요

요즘은 아이 하나만 낳아서 기르는 부모가 많아서 형제자매가 귀하다. 세 아이를 낳은 입장에서 다둥이의 장점을 이야기해 보려고 한다. 우선 아이들이 집에서부터 형제들과 투덕거리면서 지내면 인격 형성에 도움이 되고 정서적 성장에 유익한 자양분이 된다. 하지만 가정마다 상황이 다를 수밖에 없다.

나 또한 어릴 때 두 명의 친오빠와 숱하게 싸우며 지냈고 성인이 되어서야 그나마 소강상태가 되었다. 도덕 교과서에 나오듯이 갈등은 우리 삶에서 떼려야 뗄 수 없다. 따라서 이를 잘만 겪으면 아이에게 둘도 없는 성장기 최고의 선물이 될 수 있다. 갈등을 바라보는 부모의 관점이 매우 중요하다는 뜻이다.

'오늘도 또 시작이네', '지긋지긋해. 이제 좀 그만 싸울 때도 된 것 같은데' 아이들의 싸움 소리가 방문 너머로 들리기 시작하면 나는 머리가 지끈지끈했다. 더군다나 셋째가 네 살이 되고 나서는 누나들에게 맞설 때가 많아지면서 삼각 구도로 싸우기 시작해 더 골치가 아팠다. 하지만 오늘도 '이 또한 지나가리라!', '시간이 약이다!' 하고 마음을 다잡는다.

4~7세 아이는 형제 관계를 직접 파악하고 서열을 본격적으로 정하기 시작한다. 자아에 대한 인식이 강해지고 스스로 관계를 맺을 수 있는 나이이기 때문이다. 3세까지는 먹이고 입히고 재우느라 부모가 아이들의 관계를 신경 쓸 겨를이 없다. 그저 감기에 걸리지 않고 어디 몸이 아픈 데만 없으면 오늘도 무사히 지나가는구나 하며 버틴다. 하지만 막내가 3~4세에 접어들면 그때부터 형제와의 갈등이 격화되고 부모 또한 형제 관계가 눈에 들어오기 시작한다.

(자녀 코칭 포인트) 일상에서 우애를 기르도록 가르치는 방법

① 가족 놀이를 할 때 _____

먼저 아이들과 함께 놀 때는 되도록 아이들이 한 팀이 되게 유

도하면 좋다. 아이들끼리 서로 적이 되면 예민해지고 싸울 거리도 무궁무진하게 늘어난다. 결국 싸우다가 시간 다 가는 경우를 많이 보았다.

몸 놀이를 할 때는 '엄마를 이겨라!'라는 미션을 만들곤 했다. 예를 들어 제한된 시간 안에 부모 등 뒤에 둘 다 올라타야 이길 수 있다는 규칙을 정하면 아이들은 어떻게든 올라가려고 갖은 애를 쓰면서 서로 도와주려고 난리다. 같은 편이 되면 함께 이기기 위해 서로를 생각하고 위하는 행동을 할 수밖에 없다. 핵심은 '서로 적이 아니라 동지가 되게 만드는 것이다. 서로 적이 되어 노는 건 형제끼리 충분히 많이 한다. 부모가 함께 놀 때만큼이라도 한편이 될 수 있는 놀이를 진행해 보자.

보드게임도 마찬가지다. 아이들이 서로 대립하는 게임보다는 협력할 수 있는 게임을 선택하자. 또한 아이들 대 부모로 팀을 정하면 좋다.

② 아이들끼리 놀 시간을 마련해 주자

나는 남편과 대화해야 할 때면 아이들에게 차근차근 설명하고 나서 우리만의 시간을 잠시 가졌다. 그러면 그사이 아이들은 자연스럽게 모여서 그들만의 놀이를 시작한다. 그 과정에서 형제자매 사이의 다툼은 필연적으로 일어난다. 제발 주변의 다른 가정과 비교하지 않길 바란다. 대부분의 형제자매는 싸우면서 자란다.

아이들은 함께 놀이를 만들어 가면서 의견을 조율하고, 그 과정에서 서로의 놀이 방식, 표현법, 생각을 이해하며 놀이 방법을 점점 익혀 간다. 마냥 어린애 같던 막내가 언젠가부터 형제의 말을 곧이곧대로 듣지 않고 자기 의견을 강하게 내비치기도 한다. 그때부터 놀이는 더욱 자주 삐거덕거린다. 이때 부모는 오히려 기뻐할 줄 알아야 한다. 자기 의견을 내비친다는 건 지적으로 자라나는 시기에 들어섰다는 뜻이기 때문이다. 즉 물에 물 탄 듯 술에 술 탄 듯 물렁물렁하게 행동하는 게 아니라 확고한 주관을 지닌 아이로 성장하기 시작했음을 뜻한다. 스스로 갈등을 해결하는 과정을 많이 겪을수록 아이는 점점 내면이 단단해질 것이다. 따라서 때로 부모는 형제들이 다툼하는 걸 가만히 지켜보는 여유가 필요하다.

③ 물건을 두고 다툼할 때 _____

때로는 장난감이나 소품 등 물건 하나를 두고 형제끼리 서로 싸우기도 한다. 예를 들어 누가 먼저 장난감을 집었는지 따지거나 약속한 시간이 다 되었으니 장난감을 달라고 조르는 것이다. 이런 갈등을 막기 위해 어떤 부모는 똑같은 물건을 아이 수대로 사주기도 한다. 하지만 나는 똑같은 물건을 '매번' 여러 개 사주는 것에 반대한다. 형제와의 갈등을 사전에 방지하면 당장은 좋더라도 간혹 모든 장난감을 여러 개 살 수 없을 때는 한계에 부닥친다. 이럴 때 아이들은 감사함을 모른 채 오히려 더 싸우고 불평불만을 쏟아낸다.

아이들에게는 적절한 결핍이 필요하다. 학교생활과 사회생활에서도 마찬가지다. 모든 재화를 모든 사람이 똑같이 나눠 가질 수는 없다. 부모의 품 안에 있을 때만이라도 많이 싸우고 많이 성장할 기회를 주자. 당장은 싸우는 소리가 너무 듣기 싫고 피곤할지라도 '아이들이 또 한 뼘 성장하는 기회를 겪고 있구나' 하며 넉넉한 마음으로 관찰할 수 있길 바란다.

따라서 하나의 장난감을 어떻게 하면 사이좋게 잘 가지고 놀 수 있을지 고민하는 것이 더 발전적인 갈등 해결 방법이다. 우리 집에서 실천한 방법은 주로 세 가지였다.

- 각자 똑같은 시간만큼 장난감을 가지고 논다.
- 둘이나 셋이서 장난감을 함께 가지고 논다.
- 한 명은 오늘, 다른 한 명은 내일 가지고 논다.

이처럼 돌아가며 장난감을 가지고 놀게 했고, 이 또한 부모가 일방적으로 정하지 않고 아이들과 대화하며 적절한 방법을 찾아갔다. 모든 아이가 최대한 동의할 수 있는 방향을 찾아가는 것이 핵심이다.

한편 똑같은 물건을 아이 수에 맞게 사주는 것은 추천하지 않지만 옷이나 신발 개수는 어느 정도 균형을 맞출 필요가 있다. 보통 같은 성별의 자녀를 키우거나 성별에 구애받지 않는 물건은 동생에게 물려주는 경우가 많다. 나는 딸, 딸, 아들을 키워서 상대적으로 둘째가 물려받는 옷이나 신발이 많았다. 아이의 예쁜 마음을 칭찬하기 위해 외투를 물려받으면 실내복이나 내복 등 아이에게 필요한 옷을 새로 한 벌 더 사주는 방법으로 아이에게 보상을 해주었다.

어릴 때 같은 성별의 형제로부터 물건을 물려받은 동생이 상처를 받는 경우를 종종 보았다. 형제자매가 있다는 사실이 아이에게 상처가 되어서는 안 된다. 물론 상처 없이 큰 사람은 없겠지만 부모가 아이의 마음을 헤아리고자 노력했다는 점을 조금이라도 기억한다면 아이도 부모의 마음을 이해해 주지 않을까?

④ 비교하는 말을 삼가자 _____

아이들을 키우면서 금기해야 할 말이 있다. 바로 비교하는 말이다. 다른 집 아이와 내 집 아이를 비교하는 것도 금물이지만 집 안에서도 형제를 두고 비교하지는 말자.

"엄마, 내 친구 수민이 엄마는 맛있는 음식을 진짜 많이 해줘요. 왜 엄마는 안 해줘요?" "민규 엄마는 직업이 ○○이래요. 엄마는 그 직업이 아니라서 아쉬워요." 상상만 해도 기분이 나쁘고 얼굴이 빨갛게 달아오르지 않는가? 아이는 부모를 보이는 대로 받아들인다. 아무리 화를 내도 돌아서면 사랑한다고 말하는 순수함을 지니고 있다. 아이를 형제와 비교하는 것은 차라리 딴 집 아이와 비교하는 게 나을 정도로 크나큰 상처를 준다.

> 효, 우애의 의미와 필요성을 명료하게 이해하고 가족의 행복을 위해 할 수 있는 일을 탐색하여 실천 계획을 세운다.
>
> – '도덕과 교육과정 [초등학교] (2) 타인과의 관계 성취기준'에서 발췌

우애는 부모의 마음가짐에 달렸다고 할 수 있을 정도로 부모의 영향력이 크게 작용한다. 둘도 없는 친구 같은 사이가 되진 못하더라도 상처를 안고 서로를 미워하지 않게 시간을 두고 아이들을 지켜보며 화합할 기회를 많이 만들어 주면 좋겠다.

04

친구가 안 놀아 준다며
속상해해요

학창 시절 친구 관계에서 누구나 어려움을 겪은 적이 있을 것이다. 친구와 원만하게 지내면 좋으련만 관계라는 게 그리 호락호락하지 않다. 때로는 누군가 문제를 일으키기도 하고 오해 때문에 관계가 어긋나기도 한다.

요즘 학교에서도 친구와 갈등을 빚는 아이가 많다. 아무래도 가정이나 부모보다는 친구들과 보내는 시간이 많다 보니 갈등 요소도 적지 않은 것이다. 어떤 아이는 교우관계에서 오는 감당하기 힘든 소외감으로 몸까지 아파져서 보건실을 자주 드나든다. 또 어떤 아이는 교실에서 어울릴 만한 친구가 없어 학교 도서실에 가서 책을 읽는 것으로 마음을 달래기도 한다.

4~7세는 여러 친구를 만나고 사회적 소통을 시작하는 중요한 시기다. 0~3세까지는 가족 위주로 지내기에 타인과 친구라는 존재에 대한 인식이 약하다. 하지만 말이 트이고 친밀함을 형성해 가는 4세부터는 성향이 맞는 친구를 만나면 반가워하고 그렇지 않은 친구와는 놀기 싫어한다. 또 4세 후반쯤 되면 발달이 빠른 아이들은 단짝 친구를 만들거나 친구들에 대해 좋거나 싫은 감정을 드러낸다.

나는 4~7세 아이들의 친구 관계를 두고 심각하게 고민하지 않아도 된다고 생각한다. 가족 외에 선생님, 이웃, 친구 등 다양한 사람들과 관계를 맺으며 자기중심적인 생각에서 이제 막 벗어나는 과정이므로 서툴고 시행착오를 겪을 수밖에 없기 때문이다.

[자녀 코칭 포인트] 아이 친구 문제를 고민할 때 조심해야 할 함정

① 아이와 나를 분리하라 _____

때로는 아이가 친구에게 거절당하는 경험도 필요하다. 물론 부모 입장에서는 아이가 친구에게 소외당하거나 미움받는 걸 지켜보는 게 무척 속이 쓰릴 것이다.

"엄마, 오늘 민국이가 나 싫다고 했어." "나는 지운이랑 놀고 싶은데 지운이는 자꾸 다경이랑만 놀아." "유치원 가기 싫어요. 너무 심심해요." 아이가 이런 말을 한두 번만 해도 속상한데 매일 같이 반복해서 이야기하고 더 나아가 등원을 거부하면 시쳇말로 '맘찢'을 겪게 된다. 그렇지만 절대 조바심을 내서는 안 된다.

네다섯 살인 아이는 말 그대로 '어린아이'다. 아주 어릴 때부터 어린이집을 다녔다고 해도 사회성은 하루아침에 길러지지 않는다. 그리고 영유아 때는 선생님을 중심으로 관계를 맺는다. 즉 옆에서 놀고 있는 친구의 존재는 알지만 사귈 생각은 하지 못한 채 각자 선생님을 바라보며 지내는 것이다.

하지만 앞서 언급했듯 4세쯤 되면 친구를 만들고 싶은 욕구가 점점 생긴다. 적극적인 아이들은 친구를 사귀려고 먼저 행동하고 다소 소극적인 아이는 누군가 다가와 주길 기다리는 편이다. 이런 성향 또한 얼마든지 바뀔 수 있다. 우리도 사람, 상황, 시기에 따라 내향인과 외향인의 경계를 넘나들지 않는가?

한창 자라나는 시기에 아이의 성향으로 선을 긋지 말자. 그저 친구를 사귀는 데 서투른 아이로 바라보는 따뜻한 시선이 필요하다. 같은 상황이라도 부모가 어떻게 바라보느냐에 따라 아이의 감정과 반응이 달라진다.

"친구에게 다가가 봐." "가서 말 좀 걸어 봐." "애들과 같이 놀고 싶다면서 왜 자꾸 엄마 주변을 맴도니?" 실제로 내가 놀이터에서 첫째에게 했던 말이다. 하지만 아이는 친구들에게 단 한마디도 하지 못한 채 부메랑처럼 내게 돌아왔다. 다시 돌아간다면 그저 아이가 행동하는 대로 뒤에서 묵묵히 지켜봐 주는 엄마가 되고 싶다. 둘째와 셋째를 기르고 보니 '시간이 약이다'라는 말이 육아에 있어서는 꽤 괜찮은 정답임을 깨달았다.

② 엄마가 먼저 나서지 말자 _____

아이가 친구를 사귀도록 먼저 나서는 엄마도 많다. 예를 들어 느닷없이 생일파티를 열어 친구들을 초대하거나, 키즈카페에 함께 가는 날을 만들어서 엄마와 아이가 짝을 이루어 만난다.

개인적으로 이런 만남은 정중히 거절하고 잘 가지 않는 편이다. 엄마들이 육아 정보를 교류하고 고민을 나눌 수 있다는 장점은 있지만 아이가 친구를 직접 사귈 수 있는 깊이 있는 시간은 아니기 때문이다. 아이들도 잘 안다. 자기와 잘 맞거나 함께 놀 때 재밌는 친구가 누구인지 말이다. 인위적으로 맺은 무리 안에서 친구와 무작정 친해지기는 어렵다. 상상해 보자. 부모가 나를 낯선 무리로 데려가서 같이 놀라고 한다면 어떤 기분일까? 맞지 않는 옷을 입은 듯이 불편한 느낌이 들 것이다.

그 대신 나는 아이들이 자연스레 많이 모이는 곳으로 자주 데려가는 방법을 추천한다. 아이들이 자주 모이는 곳이 어디일까? 바로 놀이터다. 그전까지 엄마 주변을 맴돌던 둘째는 놀이터에서 너무 심심한 나머지 "엄마, 오늘 친구들이 하나도 없어요"라거나 "혼자 노니까 심심해요. 나도 학원 가고 싶어요"라는 말을 내뱉었다. 놀이터는 친구들이 없으면 없는 대로 혼자 노는 법을 터득하고, 친구들이 있으면 함께 어울려서 놀 수 있는 장소다.

아이에게는 지속적인 노출이 중요하다. 집 근처 놀이터나 공원에 자주 나가 보자. 자연스러운 환경 속에서 아이가 친구들을 만나고 관찰하고 다가가는 기회를 제공하자. 이 과정에서 서로 다른 아이들이 같은 공간에서 어떻게 노는지도 배울 수 있을 것이다.

> 친구 사이의 배려에 대한 올바른 이해를 바탕으로 일상생활에서 배려에 기반한 도덕적 관계를 맺을 방안을 탐색한다.
>
> – '도덕과 교육과정 [초등학교] (2) 타인과의 관계 성취기준'에서 발췌

친구와의 갈등은 아이가 직접 경험해야만 그 과정에서 다양한 감정을 느끼고 자기 말과 행동을 되돌아볼 수 있다. 아이의 잘못을 교정해 주려는 부모의 마음은 십분 이해하지만 모든 문제를 부모가 나서서 해결해 주려고 하지 말자. 결국 아이는 부모 품을 떠나서 기관과 학교를 거친 뒤 인생을 개척해 나갈 것이다. 아이 곁에서 만년 코치를 해줄 수는 없으므로 아이의 아픔을 기꺼이 수용해

주자. 아이를 다그치는 대신 격려하고 응원해 주는 마음이 더 큰 부모가 되었으면 좋겠다. 그러면 아이도 부모의 사랑을 바탕으로 교우관계를 긍정적으로 넓혀 나가는 넉넉한 마음을 지닌 사람으로 성장할 것이다.

05

어른을 만나도
인사하지 않아요

학교에는 교사를 보면 해맑게 웃으며 "안녕하세요. 선생님!" 하고 먼저 인사하는 아이가 있는가 하면, 1년간 수업을 들었음에도 복도나 운동장에서 다시 만나면 본체만체하는 아이도 있다. 그중 다원이는 학교에서 인사를 잘 하지 않는 아이다. 복도에서 눈이 마주치면 고개를 돌려 선생님을 못 본 척한다. 선생님인 내가 먼저 인사해도 인사를 하는 둥 마는 둥 해서 때로는 겸연쩍다. 인사는 소통을 위한 기본이자 상대방을 존중하는 최소한의 표현이다. 또한 예절의 시작이다. 그래서 이런 아이들의 모습이 아쉽게 느껴진다.

　인사를 잘 하지 않는 아이들도 있지만 어른이자 교사인 나에게 존댓말을 잘 쓰지 않는 아이도 있다. "선생님, 제가 숙제를 집에 두고 와서…. 내일 들고 오면 괜찮을지….” 간혹 이렇게 말끝을 흐리는 아이도 있는데 숙제를 챙겨 오지 않아 부끄럽고 미안해서 그럴 수도 있겠지만 교사 입장에서는 말을 제대로 끝맺지 못해 아쉽다.

“선생님, 제가 숙제를 집에 두고 와서 오늘 제출하지 못했어요. 혹시 내일 들고 와도 괜찮을까요? 내일은 꼭 챙겨 올게요.” 이렇듯 성격과 상관없이 해야 할 말을 조리 있게 예의를 갖춰서 표현하는 건 청소년기에 접어든 아이에게 꼭 필요한 능력이다. 따라서 여기서는 예의를 갖춰서 표현하는 것이 중요하다는 점을 강조하려 한다.

자녀 코칭 포인트 아이 마음을 읽다 놓칠 수 있는 예절교육의 골든타임

① 때가 되면 알아서 인사한다는 오해

아이들 예절교육에 대해 많은 부모가 ‘때가 되면 한다’고 잘못 인식하기도 한다. 주변을 잘 떠올려 보자. 혹시 인사를 잘 하지 않는 동료나 이웃, 아이가 없는가? 이런 태도는 대물림되는 경우가 많다. 즉 부모 중 한 명이 인사를 잘 하지 않으면 아이도 그걸 고스란히 보고 배운다. 어른을 만나도 인사하지 않는 아빠나 엄마를 그대로 닮는 것이다.

따라서 인사는 때가 되면 자연스럽게 나오는 행동이 아니다. 어릴 때부터 인사의 필요성을 자주 강조해야 하는데, 특히 아이가 4~7세라면 사람을 만났을 때 눈을 보고 예쁜 말로 인사해야 한다는 것을 끈기 있게 가르쳐야 한다. 인사도 교육이다.

인사만 잘해도 아이가 돋보이는 경우가 많다. 교실에서 처음 만난 아이가 "선생님, 안녕하세요?" 하고 웃으면서 인사를 건네면 그 아이에 대해 좋은 첫인상이 남는다. 그 덕에 어색하고 굳어 있던 내 얼굴도 금세 부드러워진다. 어릴 때부터 "안녕하세요" 또는 "반갑습니다"라는 기본 인사말을 익히고 웃는 표정까지 더한다면 상대방에게 좋은 첫인상을 심어 줄 수 있다. 또한 상대방은 미소와 함께 답인사를 하게 되기 때문에 선순환이 이어진다.

② 지금부터 인사만이라도 가르치자 _____

4~7세 아이가 인사를 나눌 대상은 누구일까? 우선 부모다. 아침에 일어나면 "잘 잤어요?"라고 인사하는 것이다. 그다음으로는 평일에 매일 만나는 기관 선생님이다. 주택에 살든 아파트에 살든 이웃집 어른도 인사를 꼭 나눠야 할 대상이다.

아이에게 인사하기 가장 어려운 대상은 엘리베이터에서 만나는 이웃이다. 아이가 수줍음이 많다거나 인사하는 걸 부끄러워한다는 등 인사하지 않는 이유를 부모가 대신 말해 줄 수도 있다. 하지만 그렇게 변명할 시간에 부모부터 인사하면 어떨까? 즉 부모가 먼저

본을 보이고 아이들이 따라 하게끔 유도하는 것이다. "안녕하세요. 애들아, 인사해야지"라고 하면 아이들도 부모를 따라서 "안녕하세요!"라고 외친다. 그러면 "아이고 애들이 예의가 바르네. 인사도 잘하고" 하고 이웃의 칭찬이 따라온다. 이런 선순환을 겪고 나면 때로는 칭찬받으려고 아이가 먼저 이웃에게 인사하기도 한다.

어느 날은 첫째가 엘리베이터에서 만난 어른에게 인사했지만 그 어른은 아무런 대답도 하지 않았다. 아이는 "아줌마가 인사를 안 해줘서 속상해요"라고 말했다. 아이들도 안다. 어른이 자기 인사를 잘 받아 주면 기분이 좋고, 그렇지 않으면 자연스레 마음이 상한다. 이렇듯 아이가 먼저 인사를 건네면서 겪게 되는 다양한 상황은 아이 성장에 좋은 영양분이 되어 줄 것이다.

③ 존댓말도 부모가 가르쳐야 한다

한편 존댓말을 잘 못하는 아이도 많다. 특히 부모에게 편하게 말하는 아이는 다른 어른에게도 존댓말을 잘 쓰지 않는다. 편하게 말하는 게 습관이 되었기 때문이다. 기관 선생님에게 아이의 말투나 존댓말에 대한 피드백을 받았다면 진지하게 고민해야 한다. 존댓말을 가르쳐야 할 필요성이 더욱 커졌다는 뜻이기 때문이다.

나는 부모님께 평어를 써오다가 결혼하고 나서 남편이 시부모님께 존댓말을 쓰는 모습을 보며 생각을 고쳐먹었다. 부모와 자식

간의 이상적인 대화 방식이라 생각했기 때문이다. 그래서 아이들에게 아주 어릴 때부터 존댓말을 가르쳐야겠다고 다짐했다.

존댓말을 일상에서 계속 쓰다 보면 아이는 어른에게 함부로 말할 수 없다. 불평불만의 말을 내뱉는다 하더라도 예의를 차리며 표현하게 되어 감정이 절제되고 순화되는 효과도 있다.

존댓말을 배우지 않고 4~7세가 된 아이가 하루아침에 존댓말을 쓰기는 어려울 것이다. 그리고 굳이 부모에게도 존댓말을 써야 하나 싶은 마음이 들 수도 있다. 그럴 때는 이웃 어른이나 선생님, 친척 어른들에게라도 존댓말을 잘 쓸 수 있도록 가정에서 연습시키자. 갑작스럽게 과한 교육을 하면 아이들이 거부반응을 일으킬 수 있으니 교육 전에 꼭 이유를 설명해야 한다.

"엄마는 네가 앞으로 만나는 어른에게는 존댓말을 썼으면 좋겠어. 우리나라는 존댓말이라는 게 있어. 어른에게는 '했어?'가 아니라 '하셨어요?'라는 식으로 끝에 '요'나 '다'라는 말을 붙여서 말하는 거야. 가끔은 엄마에게 하듯이 편하게 말하고 싶을 때도 있겠지만 아무래도 어른에게는 예의 바른 아이가 되었으면 좋겠다. 엄마가 곁에서 많이 도와줄 테니까 같이 존댓말을 연습해 보자." 이렇듯 존댓말을 배워야 할 필요성을 설명한 후에 가르치기 시작하면 아이는 그 의도를 파악하고 훨씬 더 자연스럽게 교육을 받아들인다. 예절을 배우고 익히는 게 고리타분하게 느껴지지 않도록 필요성을 언급하는 과정을 꼭 거치길 추천한다.

④ 가정마다 존댓말 규칙이 다를 수 있다

어느 날은 첫째가, 또 어느 날은 둘째가 여섯 살이 되었을 때 내게 같은 질문을 했다. "나도 친구들처럼 엄마 아빠한테 반말 쓰고 싶어요. 우리는 왜 엄마 아빠한테 '요'로 끝나는 말을 해야 해요? 좀 불편해요." 그 말을 듣고 순간 당황했다. 그도 그럴 것이 아이 주변에는 부모에게 존댓말을 쓰는 아이가 없었다. 하지만 우리는 이 질문에 답을 해줘야만 했다.

"그건 집마다 공부 방식, 식사 예절, 아침 기상, 잠자기 전 루틴 등 규칙과 문화가 달라서 그래. 엄마 아빠는 너희 친구가 아니야. 그래서 엄마 아빠와 이야기할 때는 예의를 갖춰야 한다고 생각해서 존댓말이 필요하다고 결정한 거야. 집마다 규칙이 다른 것처럼 언어 예절도 다르다는 걸 이해해 주면 좋겠어." 아이는 이 설명을 받아들이고 이후로 존댓말을 무리 없이 잘 사용했다.

> 인간을 관계적 존재로 해석할 수 있는 이유에 근거하여 타인과의 관계에서 필요한 가치·덕목을 탐구하고, 타인의 생각과 감정에 공감하는 태도를 기른다.
>
> – '도덕과 교육과정 [중학교] (2) 타인과의 관계 성취기준'에서 발췌

'웃는 얼굴에 침 못 뱉는다'라는 속담이 있듯 미소로 다가오는 사람에게는 나쁜 말과 행동을 할 수 없다. 인사도 마찬가지다. 처음 보는 사람에게는 누구나 인사를 건넨다. 그런데 그 인사조차 하지 않는 아이라면 첫인상이 좋을 수 없다. 혹여 인사를 하더라도 무뚝뚝한 표정보다는 마음을 담아 미소를 머금은 채로 하는 인사가 더 예쁘다.

사람을 만나고 관계를 맺는 동안에는 최소한의 예의인 인사를 잘하고 어른에게는 존댓말을 바르게 쓸 수 있도록 곁에서 많이 칭찬하고 격려해 주자. 사회로 나가는 아이의 발걸음이 조금은 더 가벼워질 수 있게 말이다.

06

다정한 아이로
키우고 싶어요

내가 맡은 반 아이 중 한 명이 아파서 병원에 입원한 적이 있었다. 조회 시간에 그 아이가 병원에 장기 입원을 하게 되었다는 사실을 알리자 다른 두 아이가 이렇게 말했다. "와 진짜 좋겠다. 학교 안 오니까 얼마나 좋을까?" "나도 입원하고 싶다. 팔이라도 하나 부러지면 좋을 텐데."

그런 말을 들으면 마음이 불편하고 속상하다. 아이들을 불러 이야기를 들어보니 별생각 없이 한 말이라고 한다. 왜 이렇게 공감 능력이 부족할까? 역지사지의 자세를 언급하며 상대방 입장이 되어 말하자고 했다. 나는 수업 시간에 이 점을 더욱 강조해서 알려 줘야겠다고 다짐하며 훈계를 마무리했다.

인간의 다양한 감정

열등감	부담	억울	경쟁심
그리움	질투	외로움	두려움
허무	슬픔	무기력	분노
짜증	불안	소외	적개심
상쾌	기쁨	재미	황홀
유쾌	행복	놀람	활발

영화 〈인사이드 아웃〉의 자문을 맡은 심리학자 폴 에크먼Paul Ekman은 저서 『표정의 심리학』에서 인간의 감정은 크게 슬픔과 고통, 분노, 놀람과 두려움, 혐오와 경멸, 즐거움이라고 말한다. 하지만 더욱 세세히 구분하면 위의 표처럼 24가지이고, 더 나아가면 100가지는 족히 넘는다. 이처럼 우리가 느낄 수 있는 감정은 매우 다양하다. 한편 한 사람의 감정에 '공감'하는 능력은 별도의 노력이 필요한 영역이다.

공감을 받아 본 아이만이 할 수 있는 공감

① 자기 감정을 알아차릴 시간을 주자 _____

요즘 아이들은 공감 능력이 많이 떨어진다고 한다. 이러한 상황이다 보니 자연스레 세 아이의 공감 능력 향상에 관심을 기울이게 되었다. 즉 일상에서 감정을 잘 받아들이고 표현함으로써 다른 사람의 감정까지 잘 이해하는 아이로 자라길 바랐다.

하지만 아이들은 결코 부모 마음대로 자라지 않는다. 어떨 때는 느닷없이 30분 동안 울음소리를 내지르고, 엄마조차 공감할 수 없는 사소한 일들에 떼쓰고 매우 슬퍼한다. 그럴 땐 아이들을 어떻게 키워야 할지 모르겠어서 교사임에도 참 혼란스럽다.

첫째를 키울 때는 울음소리가 듣기 싫어서 내가 더 큰 소리로 이야기했다. "얼른 눈물 그치지 못해! 왜 우는지 이유를 이야기하란 말이야!" 하지만 어느덧 둘째와 셋째를 키우다 보니 이제는 아이가 울 때 이렇게 말한다. "눈물이 계속 나? 그칠 수 없을 것 같으면 조금 있다가 다시 이야기를 해볼까?"

육아에 정답이 어디 있겠냐마는 그래도 아이가 슬퍼하는 데는 그럴 만한 이유가 있을 것이다. 진짜 슬퍼서일 수도 있고 억울해서 흘리는 눈물일 수도 있다. 어쨌든 아이가 현재 어떤 감정이고 왜 눈물이 나는지 생각해 볼 시간을 마련해 주고자 한다. 아이가 시간을 가지면서 조금 진정하면 그때부터 대화를 나누기 시작한다. 주로 다음과 같은 순서로 질문한다.

1. "아까 눈물이 흘렸을 때 마음이 어땠어? 속상했던 거야, 아니면 억울했던 거야? 그것도 아니면 샘나서 그런 거야?"
2. "그런 감정을 느낀 이유가 뭐야?"
3. "앞으로는 어떻게 했으면 좋겠어?"

아이는 처음에는 "잘 모르겠어요", "그냥 울었어요" 등 이야기를 이어 갈 수 없는 답변을 한다. 하지만 괜찮다. 어른들도 자기 감정을 하루아침에 다 알아차리기 어렵지 않은가? 때로는 친구를 위한다고 했던 말이 질투심 때문이었을 수도 있고, 슬퍼서 울었다고 생각했는데 알고 보니 억울함이 쌓인 탓일 때도 있다. 이처럼 어른도 자기 감정을 정확히 꼭 집어서 이야기하지 못한다. 어른도 이런데 하물며 아이가 어떻게 자기 감정을 잘 표현할 수 있을까?

② 부모도 자기 감정을 이야기해 보자 _____

때로는 부모가 먼저 모범을 보여야 할 때도 있다. "서운해", "아쉬웠어", "안절부절못했어!" 등 아이가 완전히 이해하기 힘든 표현일지라도 감정을 잘 드러낼 수 있는 것으로 아이에게 말해 보자.

그러면 나중에 아이가 은연중에 부모에게 들은 표현을 어설프게라도 맥락에 맞게 내뱉기도 한다. 결국 부모의 솔직한 감정 표현이 아이의 표현력과 감정 인식 능력, 그리고 공감 능력까지 끌어내는 것이다.

"엄마는 너희를 위해 열심히 저녁밥을 준비했는데 맛있다는 말을 안 해주니 좀 서운해." "오늘은 엄마 생일이야! 축하한다고 말해 주면 고맙겠어." 이처럼 나는 그 순간 떠오르는 감정을 솔직하게 표현한다. 감정은 표현할수록 말하는 사람에게는 해소 효과가 있고, 듣는 사람에게는 깨달음을 준다.

마찬가지로 아이들이 서로 싸울 때도 서로의 생각과 감정을 꼭 이야기하게 한다. 즉 싸운 이유를 듣고 강제로 화해시키는 게 아니라 싸우기 전부터 후까지 어떤 감정이 들었는지 터놓고 이야기할 시간을 충분히 준다. 이를 통해 아이들은 감정의 다양성을 자연스럽게 깨달아 간다.

③ 그림책의 도움이 필요한 부분

우리는 살아가면서 모든 사람과 상황에 다 공감할 수는 없다. 직접 그 일을 겪지 않고서는 그 감정을 온전히 헤아리기가 힘들다.

하지만 앞서 이야기한 학생 사례처럼 다른 사람의 아픔을 지나치게 희화화하거나 비아냥거리는 언행은 상처를 준다. 완전히 공감하기는 어렵더라도 최소한의 위로는 건넬 줄 아는 아이가 많아 졌으면 좋겠다. 이를 끌어내는 최적의 아이템이 그림책인데, 그중 에서 주인공을 중심으로 줄거리가 있는 그림책을 추천한다. 지식 을 전달하는 학습 도서보다는 서사가 있는 책이 공감 능력을 기르 는 데 효과적이다. 서사가 있는 그림책을 읽어 주면 아이들은 주인 공이 사건을 겪으며 느끼는 감정을 그림과 글을 통해 간접 경험할 수 있다. 이는 공감의 범위를 넓히는 데 도움이 된다.

> 공감의 태도가 필요한 이유를 이해하고 도덕적 상상력을 바탕 으로 대상과 상황에 따라 감정을 나누는 방법을 탐구하여 실천 한다.
>
> – '도덕과 교육과정 [초등학교] (2) 타인과의 관계 성취기준'에서 발췌

교육과정에서도 공감의 태도가 필요한 이유를 강조한다. 그리 고 대상과 상황에 따라 마음을 솔직하게 표현하는 방법이 중요하 다고 언급한다. 많은 아이가 타인의 아픔과 기쁨에 진심으로 공감 하고 따스하게 표현할 줄 아는 사람으로 자라면 좋겠다.

감정 카드를 활용한 감정 표현과 공감 능력 키우는 법

1. 감정 카드로 일상 대화 나누기

· 감정 카드를 아이와 함께 만든다(시중에도 팔지만 직접 만들면 더 좋다).

· 부모와 아이가 오늘 있었던 일 한 가지를 이야기하고 그때의 감정 에 해당하는 카드를 고른다.

· 이유를 설명하면서 함께 대화를 나눈다.

2. 그림책 활용하기

· 주인공을 비롯해 도움이 필요한 인물을 찾아본다.

· 그림책 속 등장인물의 감정을 카드를 활용해 예상해 보고 어떤 도 움을 줄 수 있을지 함께 이야기해 본다.

07

성교육이

어렵게만 느껴져요

학교에서 아이들은 다양한 교과를 통해 2차 성징, 사춘기, 신체적·심리적 변화를 종합적으로 배운다. 과학 교과에서는 남녀의 생물학적 차이를, 기술·가정 교과에서는 남녀의 성 역할 차이를 중심으로, 도덕 교과에서는 성도덕(성 윤리)에 대해 집중적으로 배운다. 이렇게 각 교과 수업을 통해 아이들은 사회를 살아가면서 반드시 알아야 할 지식을 몇 해에 걸쳐 쌓아 간다.

하지만 청소년기 학생들의 성추행, 성폭행 등 성 문제가 여전히 줄어들지 않고 있다. 그래서 조금 더 어릴 때부터 가정을 중심으로 성교육이 제대로 이루어지면 어떨까 한다. 몸이 자라고 성에 관한 질문이 생겨나는 4~7세 때부터 가정의 편안한 분위기에서 부모를 통해 성 지식을 제대로 익힌다면 큰 도움이 될 것이다. 따라서 여기서는 민감한 성 이야기를 가정에서 어떻게 자연스레 꺼낼지 알아보도록 하겠다.

자녀 코칭 포인트 ⟩ 어릴 때부터 자연스럽게 성교육 하는 법

① 성교육의 핵심은 배려와 존중 _____

우선 배려는 '도와주거나 보살펴 주려고 마음을 쓴다'는 뜻이고, 존중은 '높이어 귀중하게 대한다'는 뜻이다. 성에 있어 가장 중요한 것은 상대방의 의사를 존중하는 것이다. 이런 성교육의 핵심을 제대로 인지하고 있으면 아이들에게 무엇을 가르쳐야 할지 명확해진다. 모든 사람은 그 자체로 존중받아 마땅하다. 따라서 상대방의 뜻을 제대로 아는 것이 첫 번째고, 내 뜻을 강요하지 않고 그대로 받아들이는 것이 두 번째다.

② 생식기 용어부터 제대로 가르치자 _____

어린아이를 대상으로 하는 성교육 중에 생식기 용어를 제대로 가르치지 않는 경우가 종종 있다. 즉 음순과 음경이라는 정확한 용어보다는 잠지, 고추 등 일상에서 에둘러 쓰는 말로 성교육을 실시하는 것이다.

하지만 나는 정확한 용어부터 알려 주기로 했다. 어느 날 첫째와 둘째가 제대로 된 이름을 말하지도 못한 채 "엄마, 오늘 유치원에서 배웠는데 여기(성기)가 엄청 소중하대요"라고 말하기에 "응 맞아. 음순은 엄청 소중해. 그렇지?"라고 대답하면서 자연스럽게 여자의 성기 이름이 음순임을 알려 주었다. 또 어느 날은 아기가 나오는 곳은 어디냐고 묻기에 명칭은 '질'이고 소변이 나오는 곳 바로 아래에 위치한다고 설명했다.

때로는 아이가 자기 성기를 보고 싶다고 말할 수도 있다. 이럴 때 아이의 호기심을 너무 억누르지 않았으면 좋겠다. 아이의 궁금증에 초점을 맞춰서 거울로 위치를 알려 주는 방법도 있다. 이렇듯 성교육은 아이가 자기 몸을 궁금해할 때 딱 그만큼의 정보를 주면 된다. 애써 에두르거나 숨길 필요가 없다.

성별이 다른 셋째가 태어나자 첫째와 둘째는 기저귀를 갈 때마다 궁금해했다. 음경과 고환을 처음 본 아이들은 호기심이 발동해 동생의 생식기를 만지려고도 했다. 하지만 그때가 성 차이를 알려 주며 성교육을 할 수 있는 최적의 타이밍이다. 나는 남자와 여자의 신체가 어떻게 다른지 솔직하게 설명하면서 음경을 알게 해 주었다.

아이들에게는 정확한 성기 명칭을 알려 주는 것뿐 아니라 그 부위가 왜 소중한지 알려 주는 것도 중요하다. 아이가 묻지 않은 것까지 앞서서 알려 줄 필요는 없다. 아직은 어리기에 모든 정보를 이해하고 기억할 수도 없을뿐더러 괜한 호기심을 불러일으킬 수도 있다. 하지만 아이가 궁금해하는 것은 진솔하게 대답해 줘야 한다. 모든 공부에 적기가 있듯 성교육도 아이마다 적기가 찾아오므로 숨기지 말고 아이 수준에 맞춰 친절하게 이야기해 주자.

③ 내 몸은 소중하다는 사실을 일깨우자

어느 날은 아이들이 그림책을 읽다가 둘째가 내게 이런 질문을 했다.

👧 "만약에 유치원 친구가 나한테 바지 내려보라고 하거나 장난친다고 치마를 들추면 어떻게 해야 해요?"

👦 "그럴 땐 별이의 속마음을 그대로 말해야겠지? 보여 주고 싶지 않다고 말하고 그 자리를 피하는 게 가장 좋아. 그래도 마음이 불편하면 선생님이나 엄마한테 꼭 도움을 요청해. 그런데 그건 왜 물어?"

👦 "그림책 보다가 이럴 땐 어떻게 해야 하는지 궁금해서요."

👦 "엄마한테 물어봐 줘서 정말 고마워. 그럴 땐 친구가 알아들을 수 있게 또박또박 말하는 게 중요해. 슬이는 그런 상황에서 어떤 마

음이 들 것 같아?"

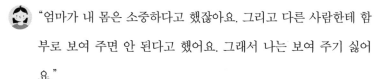

"엄마가 내 몸은 소중하다고 했잖아요. 그리고 다른 사람한테 함부로 보여 주면 안 된다고 했어요. 그래서 나는 보여 주기 싫어요."

"맞아, 싫다고 말하고 그 자리를 피해야 해. 그리고 엄마나 선생님께 도움을 요청하는 게 제일 좋아. 오늘 다 같이 이런 이야기를 할 수 있어서 다행이다."

이처럼 아이가 성에 대해 물었을 땐 아무렇지 않게 말을 꺼낸 것 자체를 고마워하며 대견하다고 표현해야 한다. 그래야 앞으로도 아이는 비슷한 일을 겪었을 때 부모와 선생님에게 도움을 요청할 수 있다.

④ 그림책을 통한 성교육

시중에는 4~7세 대상의 성교육 그림책이 많다. 아기를 참 좋아하고 호기심이 많은 첫째는 어느 날 도서관에서 출산에 관한 그림책을 보고 싶다고 했다. 나는 관련 도서를 검색해서 아이 앞에 4~5권을 두었고 아이는 그림책을 골라 그 자리에서 읽어 내려갔다. 여기서 핵심은 아이가 원할 때 성교육 그림책을 보여 주었다는 것이다. 아이가 초등학교 입학 전에 성에 관심을 보이면 가장 좋지만, 그렇지 않다면 생식기는 소중하고 불편한 상황에 부닥쳤을 때 자기 뜻을 정확하게 전달한 다음 부모나 선생님에게 솔직히 말해야 한다는 것 정도만 일러 줘도 충분하다. 그리고 어른이 위협하는 상황에 대한 대처법은 아이의 호기심과 상관없이 강조해야 한다. 그 자리를 피할 수 있도록 가르치는 것이 가장 중요하다.

> 청소년기의 바람직한 성윤리를 탐구하여 내면화하고, 사회·문화적 차원에서 성의 의미를 파악하여 성에 대한 편견의 문제점을 분석하고 이를 바로잡는 의지를 기른다.
>
> – '도덕과 교육과정 [중학교] (2) 타인과의 관계 성취기준'에서 발췌

성교육을 거창하게 생각하지 말자. 아이에게 바른 명칭을 알려 주는 것부터 시작이다. 그리고 상대방의 뜻을 존중하고 받아들이며 자기 생각을 강요하지 않는 것이 핵심이기에 여기에 초점을 두고 가정에서도 편안한 분위기에서 대화를 나눠 보았으면 좋겠다.

08

베풀고 나눌 줄 아는
아이가 되면 좋겠어요

✳ 물건 귀한 줄 모르는 아이들

학교에서 선생님들이 아쉬워하는 순간 중 하나는 아이들이 물건
귀한 줄 모를 때다. 학용품을 잃어버려도 찾을 줄 모르고 무상으로
제공되는 물품에 고마워하지 않는 경우도 많다. 책이나 문화상품
권을 받아도 거저 주어지는 것으로 알고 감사하다는 말조차 하지
않을 때면 요즘 아이들은 알맹이 없는 교육을 받고 있지 않나 씁쓸
한 마음이 든다.

한편 풍족한 환경에서 살다 보니 예전보다 오히려 주변 사람을
돌보거나 어려운 사람을 돕는 일이 드물다. 종종 기부재단의 협조

요청을 받아 학교에서 나눔과 기부 행사를 개최한다. 하지만 아이들은 어려운 상황에 부닥친 사람에 대해 나눔의 정신을 발휘하는 것을 여러 이유로 어려워한다.

그래서 나는 세 아이가 평소에 주변 사람들에게 나눔을 실천하고, 또 누군가에게 도움과 나눔을 받았을 때 감사 표현을 할 수 있도록 가르쳤다. 즉 누군가가 예쁘다고 용돈을 주면 금액에 상관없이 "감사합니다"라고 말하고, 또 음식을 나눠 주면 "잘 먹겠습니다"라고 대답하도록 알려 주었다.

나눔과 배려는 결코 당연하지 않다. 누군가의 노력과 세심한 마음을 통해 우리에게 주어진 것이다. 그래서 나는 아이들이 나눔과 배려가 자신에게 흘러 들어왔을 때 그저 두 손으로 꼭 쥐고 있는 게 아니라 고마워하며 또 다른 사람에게 흘려보낼 수 있는 따뜻한 마음을 가지길 바랐다.

자녀 코칭 포인트 간식 통과 용돈으로 알려 주는 나눔의 기쁨

4~7세 아이에게 베풀고 나누는 마음을 가르치는 유용한 수단은 간식일 것이다. 우리 집에는 간식 통이 있다. 기관을 다니고 지인 가족을 종종 만난 후로 아이들이 어른에게서 받는 간식이 마구 늘

어나기 시작했다. 이 간식들을 편하게 한데 섞어서 아이들에게 나눠 주자 불만이 생겨났다. 자기 간식을 왜 허락도 없이 나눠 주느냐고 말이다.

고민 끝에 아이마다 지퍼백에 이름을 적어서 주었다. 세 아이의 지퍼백은 평소에는 간식 통에 담겨 있다. 그리고 이 간식 통을 아이들의 손이 잘 닿지 않는 주방 상부장에 넣어 두었다. 절제력이 없는 아이들이 시시때때로 간식을 먹고 싶어 하기에 아예 잘 보이지 않는 곳에 둔 것이다.

① 우리 집만의 간식 통 규칙

우리 집에서는 무분별한 간식 섭취를 제한하기 위해 식사를 잘했을 때만 간식 통에서 간식을 한두 개 꺼내서 준다. 간식 통에 있는 간식은 주로 젤리, 캐러멜, 사탕 같은 군것질거리를 말한다. 과일이나 구황작물 등 건강에 좋은 간식은 개수 제한 없이 밥을 잘 먹은 아이에게 넉넉하게 제공한다. 간식 통 규칙이 없을 때는 아이들이 밥은 조금 먹고 군것질을 많이 하려고 했다. 이건 아니다 싶어 만든 규칙인데, 지금은 군것질을 위해 식사를 뚝딱 해치우곤 한다.

나는 간식 통을 일부러 채워 놓지 않는다. 따라서 통 안에 간식이 차 있을 때도 있고 아예 비어 있을 때도 있다. 아이들이 기관에서 간식을 받아 오면 예상치 못하게 넉넉히 채워지기도 한다. 그럴 때는 아이들에게 넌지시 제안한다. 놀이터에 나갈 때 친구들과 같이 간식을 나눠 먹으면 원하는 간식을 하나 더 사준다고 이야기하는 것이다.

놀이터에서 친구들에게 간식을 나눠 주는 경험을 통해 나눔과 배려의 가치를 자연스럽게 일상에서 가르치고 싶었다. 놀이터에 나가 보면 주변 아이들이 간식을 들고 와서 나눠 주는 경우가 종종 있다. 그럴 때 내 아이가 받기만 하는 모습을 보자니 괜스레 멋쩍고 마음이 불편했다. 그래서 차고 넘치는 간식 통을 보던 내가 새롭게 낸 아이디어다.

덕분에 요즘 우리 아이들은 신나게 간식 통을 들고 놀이터에 나가서 그곳에 모인 아이들에게 간식을 나눠 준다. 좋아하는 간식을 얻으면서 나눔의 기쁨도 배우는 중이다.

② 간식 섭취 규칙

기관 방과 후나 놀이터에 갔을 때는 허기가 졌을 테니 어느 정도 간식을 먹고 또 자기 간식을 나눠 주면서 몇 개 먹는 것은 비교적 느슨하게 허용한다. 그러나 저녁 식사 시간 40~50분 전부터는 간식 섭취를 제한한다. 달콤한 군것질거리가 충분한 영양소 섭취를 방해하기 때문이다. 대신 앞서 설명했듯이 저녁을 잘 먹고 나면 간식 1~2개만 먹을 수 있다.

실제로 자기 전에 너무 단 것을 먹으면 숙면에 방해가 된다고 한다. 우리 아이들도 자기 전 달콤한 사탕과 캐러멜을 먹자 잠드는 걸 힘들어했다. 그래서 이런 빡빡한 규칙을 만든 것이다. 그 대신 건강 간식은 넉넉하게 먹을 수 있으므로 아이들도 이 규칙을 나름대로 받아들이고 잘 지키는 중이다.

③ 용돈을 통해 알려 준 나눔의 기쁨

때때로 용돈을 통해 나눔과 배려를 경험하도록 했다. 첫째는 스스로, 둘째는 부모나 첫째와 동행해서 용돈으로 간식을 구매하곤 한다. 이런 과정을 통해 아이들은 경제관념을 익히며 용돈을 어디에 써야 할지 고민하는 시간을 가지기도 한다. 첫째와 둘째는 현재 용돈 기입장을 쓰고 있다. 이 또한 부모의 강요가 아니라 필요성을 설명해 준 이후 아이 스스로 결정했다.

 "용돈 기입장 한번 써볼래?"

  "그걸 왜 써야 해요? 뭐가 좋아요?"

 "엄마가 일요일 저녁마다 가계부 쓰는 거 알지? 그 노트를 너희는 용돈 기입장이라고 불러. 어디에 용돈을 썼는지 기록해 두면 다음에 다시 살펴볼 때 좋아. 내가 어떤 간식을 좋아하는지 살펴볼 수도 있고 낭비하지는 않았는지 반성할 기회를 주기도 해. 한번 써볼래? 써보고 싫으면 그만둬도 돼."

 "해볼래요. 나도 엄마처럼 해보고 싶어요!"

아이들은 그날로 간식을 사고 나면 용돈 기입장을 쓴다. 그러면 서 자연스레 숫자와 한글을 공부하고 있다. 기특하게도 용돈이 점 점 많아지니 그 용돈으로 주변을 어떻게 도울지 고민하기도 했다. 요새 아이들은 종종 가족이 좋아하는 간식을 사거나 기관에서 동 전 기부를 할 때 자기 돈을 내기도 한다. 실제로 지난 내 생일에 첫 째는 집 앞 카페에서 카페 라테를, 둘째는 내가 좋아하는 떡볶이를 자기 용돈으로 사주었다. 가족이 다 같이 음식들을 나눠 먹으면서 얼마나 행복했는지 모른다. 타인의 필요와 선호를 헤아리고 자기 용돈을 떼어 내 베풀 줄 아는 그 마음이 참 감사했다. 나눔과 배려, 기부는 일상과 멀리 떨어져 있지 않다. 아이들이 자기 용돈을 소중 히 하는 만큼 남을 도우려는 마음도 작은 것에서 출발한다.

④ 행동으로 실천하는 배려의 경험

아이들이 일상에서 남을 돕는 말과 행동을 할 때는 적극적으로 칭찬해야 한다. 한 예로 우리 가족이 다 같이 경사진 골목길을 내 려가던 날, 한쪽 외진 곳에서 쓰러진 할머니를 둘째가 우연히 발견 했다. 너무 심하게 미끄러지셔서 거동이 불편한 상태였고 둘째 덕분에 나는 급하게 119에 연락했다.

그날 할머니가 구급차를 타고 가는 모습을 보면서 세 아이는 크게 놀란 듯했다. 나는 아이들을 진정시키며 오래 칭찬해 주었다. "별이 덕분에 할머니가 빠르게 치료받으실 수 있게 되었어. 우리 별이가 못 봤으면 할머니가 한참 차가운 바닥에 누워 계셨을 텐데 그나마 다행이다. 별아, 엄마한테 할머니 누워 계신다고 이야기해 줘서 정말 고마워!" 아이는 연신 미소를 지었다. 자신의 말과 행동이 누군가에게 큰 도움을 주었다는 사실만으로도 아이는 뿌듯해 했다.

> 친구 사이의 배려에 대한 올바른 이해를 바탕으로 일상생활에서 배려에 기반한 도덕적 관계를 맺을 수 있는 방안을 탐색한다.
>
> – '도덕과 교육과정 [초등학교] (2) 타인과의 관계 성취기준'에서 발췌

4~7세 아이에게 배려라는 개념은 조금 추상적으로 느껴질 수 있다. 옆자리 친구가 함께 간식을 먹고 싶어 하는 마음을 헤아리는 것, 자기 용돈으로 엄마가 좋아하는 간식을 사주려는 것 등이 일상에서 배려라는 가치를 꽃피우는 시작이다. 아이의 배려심 가득한 말과 행동에 대해 과할 정도로 칭찬해 주자.

4장

정의:
타인과 더불어
살아가는힘

01

밖에서 막무가내여서
외출이 두려워요

어느 날 학교에서 근무하다가 인근 도서관에서 민원 전화를 받은 적이 있다. 내가 재직 중인 학교의 학생들이 시험 기간에 도서관을 많이 방문하는데 조용히 공부해야 할 열람실에서 기본 매너를 지키지 않아 관리에 어려움이 크다는 것이다. 도서관은 당연히 정숙해야 하는 곳인데도 그런 기본 매너조차 갖추지 않았다는 사실에 참 당황했던 기억이 난다.

아이들은 어릴 때 특히 자기중심적이다. 주변 상황이나 맥락을 고려하지 못하고 막무가내로 공공장소를 돌아다닐 때도 많다. 사람이 많은 곳에서 목소리를 낮추는 걸 힘들어하기도 하고, 차분히 걸어야 하는 곳에서 재빠른 걸음으로 돌아다니거나 심지어 뛰어

다닌다. 결국 부모는 상냥한 말로 타이르다가 이내 구석으로 데려가 험상궂은 표정을 지으며 강한 어투로 경고를 날리기 일쑤다. 나 또한 눈썹을 삐죽삐죽 치켜올리며 아이에게 저음으로 경고하곤 했다.

자녀 코칭 포인트 아이도 좋아하고 예절도 배울 수 있는 공공장소

나는 세 아이를 데리고 외출하는 것이 쉽지 않았다. 둘을 키울 때만 해도 첫째와 둘째가 모두 얌전하고 조용한 편이라서 어디든지 데리고 다닐 만했다. 하지만 셋째는 달랐다. 호기심이 많은데다 기질은 순해도 고집이 세서 원하는 곳은 꼭 가야 하고 궁금한 건 손으로 꼭 만져 봐야 했다. 셋째가 자라면서 외출하기는 해야 했지만 마음 편히 갈 만한 장소가 딱히 떠오르지 않았다. 그렇다고 에너지가 넘치는 아이를 집에만 둘 수도 없었다. 그때 떠오른 게 바로 세가지 공공장소다.

① 도서관: 자주 갈수록 아이가 분위기에 맞춰 정숙하게 되는 곳 _____
　여기서는 독서의 중요성이라든가 그림책의 교육 효과를 논하지 않을 것이다. 그저 공공예절을 배우고 실천하기 좋은 장소로서 도

서관의 긍정적인 측면을 이야기하고자 한다.

셋째를 데리고 도서관에 처음 갔던 날이 생생히 떠오른다. 남편은 두 아이의 손을 잡고, 나는 막둥이의 유모차를 끌며 도서관에 들어섰다. 하지만 삼 남매와 함께 즐거운 도서관 나들이를 할 거란 꿈은 도서관에 도착한 지 얼마 안 돼 산산이 부서졌다. 남편이 책을 빌리기 위해 셋째를 잠시 데리고 종합자료실에 방문했는데 그때 아이가 소리를 꽥꽥 지르기 시작한 것이다. 결국 직원의 안내로 바로 밖에 나와야만 했다.

하지만 여기서 멈추면 원하는 목적을 결코 달성할 수 없다. 아이들은 같은 장소를 계속 방문하면 그곳에서 들었던 부모의 훈계를 가랑비에 옷 젖듯 내면에 서서히 새기게 된다. 비록 그날은 가자마자 녹아웃을 당한 기분으로 집에 후다닥 돌아왔지만 우리는 절대 포기하지 않았다. 다른 대안을 마련해서 다시 출사표를 내던졌다. 이번에는 2인 2조로 움직이기로 했다. 나는 딸 둘을 데리고 어린이실을 가고, 남편은 막둥이를 데리고 도서관 야외 잔디밭에서 아이와 함께 놀기로 한 것이다.

결과는 성공적이었다. 비록 남편이 육체적으로 조금 힘들기는 했지만 만족할 만한 독서 나들이였다. 막둥이는 밖에서만 놀지 않고 잠시 정수기의 물을 마시려고 건물 안에 들어와 로비를 돌아다니기도 하고 누나들을 만나기 위해 어린이실을 방문하기도 했다.

나는 그때마다 아이에게 "쉿! 여기 들어가면 조용히 해야 해. 알겠지?"하고 아이와 약속하고 안에 들여보냈다. 이런 작은 가르침이 아이들에게는 공공예절을 익히는 자양분이 된다.

나들이 장소는 부모의 욕심은 잠시 내려놓고 아이들도 만족할 만한 곳으로 정하는 것이 현명하다. 예를 들어 백화점은 어른에게는 즐거운 나들이를 할 수 있는 곳이지만 아이들에게는 그다지 즐겁지 않다. 부모가 '하지 말라'는 말만 끊임없이 하는 곳이기 때문이다. 반짝반짝 예쁜 옷이 보여서 손으로 만지면 부모는 만지지 말라고 제지하고, 전시된 꽃이 예뻐서 만지려 하면 "안 돼!"라는 말부터 먼저 나온다. 행여나 물건을 망가뜨릴까 걱정돼서 그러는 것이지만 아이 입장에서 백화점은 신기한 것이 정말 많아도 입은 다물고 손은 몸에 딱 붙여서 천천히 걸어야만 하는 답답하고 지루한 곳이다. 따라서 아이를 키우는 동안만큼은 아이의 성향을 고려해 나들이 장소를 정하는 센스가 필요하다.

② 버스, 지하철 타기: 세 아이 엄마가 강력하게 추천하는 주말 나들이 법
대중교통을 싫어하는 아이는 거의 없을 것이다. 가족들과 자가용을 타고 가다 보면 아이들은 옆 차선에서 달리는 버스를 보고 "버스 타고 싶어요"라고 외치거나 멀리서 지하철역을 보며 "지하철 타러 가고 싶어요"라고 말하는 경우가 많다.

우리 아이 셋도 다른 또래 아이처럼 버스와 지하철에 호기심이 많은 편이었다. 그래서 우리 부부는 한 달에 주말 하루쯤 지하철과 버스를 타고 나들이를 갔다. 우선 만 6세부터는 교통비를 내야 하는데, 아이 몫의 교통카드를 사서 승하차하는 법을 알려 주면 좋다. 아이들은 어른처럼 교통카드를 찍고 타는 것에서 큰 즐거움을 느끼기 때문이다.

다만 나들이 장소가 너무 멀면 부모에게 큰 부담이 된다. 대중교통을 타는 동안 신발 신고 의자에 올라가지 마라, 노약자석에 앉으면 안 된다, 목소리를 낮추어라 등 아이가 실례되는 행동을 할 때마다 자주 제지해야 하기 때문이다. 따라서 우리 가족도 그리 멀지 않은 곳으로 나들이를 갔다.

여기서 생각을 바꿔 보자. 아이들은 공공예절을 배우고 자라야만 한다. 아직 어리기에 모르는 것이 정말 많고, 또 다양한 사람들을 가까이에서 접하는 게 경험의 범위를 넓히는 좋은 계기가 된다. 버스를 기다리는 동안 아이들은 인내하며 원할 때마다 버스를 바로 탈 수 없다는 것을 배운다. 그럴 때는 버스 도착까지 걸리는 시간을 알려 주면 좋다. 타는 동안에는 안전을 위해 자리에 꼭 앉아 있어야 한다는 사실도 알려 줘야 한다.

"우리는 ○○○ 정류장에서 내려야 해. 안내 방송을 잘 들어보자!"라고 말하면 아이는 입을 꾹 다물고 내릴 정류장 이름이 나올

때까지 더욱 조용히 있을 것이다. 또한 버스나 지하철이 완전히 멈추고 나서 내려야 한다는 것, 버스를 타고 내릴 때 버스기사에게 인사를 건네는 것 등 다양한 공공예절을 익힐 기회로 삼을 수 있다.

아이들의 즐거움과 호기심을 채워 줄 수 있는 대중교통을 한 번이라도 타볼 기회를 주면 어떨까? 아이들은 그날 목적지에서 놀았던 것보다 버스를 탄 것 자체를 제일 즐거웠다고 말할 것이다.

③ 시장: 아이들이 의외로 정말 좋아하는 장소

우리 세 아이가 정말 좋아하는 나들이 장소 중 하나가 시장이다. 처음부터 아이들을 시장에 데려간 것은 아니다. 알다시피 비교적 아이들과 장보기 쉬운 장소는 대형 마트나 중형 슈퍼마켓이다. 카트에 아이들을 태우고 과자 한두 개를 사주면 부모가 편히 이동하며 장볼 수 있기 때문이다.

하지만 시장은 더 생생하고 다채롭고 즐거운 장보기 장소가 될 수 있다. 시장이야말로 평소에 보던 풍경에서 벗어나 좀 더 사람 냄새가 나며 아이들에게 많은 것을 가르칠 수 있는 교육적인 장소다. 마트와 슈퍼에 익숙한 아이들은 처음 시장에 갔을 때 정말 즐거워했다. 온갖 물건을 다 쌓아 놓고 파는 그곳에서 연신 미소를 지었다.

가장 흥미로워했던 곳은 횟집이다. 보통의 횟집에는 접시에 회가 가지런히 놓여 있고 마트에는 손질이 끝난 횟감이 랩으로 예쁘게 포장되어 있다. 하지만 시장은 다르다. 세 아이는 수조에 든 물고기만 봐도 좋아하고 횟집 사장이 회를 뜨는 과정을 눈 하나 깜짝 않고 처음부터 끝까지 집중해서 구경한다. 어른들은 별것 아니라고 생각하는 시장의 작은 모습도 어린아이에게는 진귀한 경험이 될 수 있다.

또한 시장에서는 다른 사람의 통행을 방해하지 않으면서 걸어야 한다. 그리고 포장 없이 진열된 각종 채소와 생선, 고기 등을 함부로 만져서는 안 된다. 즉 시장은 궁금하다고 해서 다른 사람의 것에 손을 대면 실례라는 사실을 자연스럽게 가르칠 수 있는 장소다. 보기 좋게 정돈된 백화점이나 마트와는 달리 투박하지만 어르신의 정겨운 말과 현실적인 대화가 오가는 곳이기에 아이들에게는 더욱더 다양한 경험을 선물해 줄 수 있다.

> 인권과 관련된 다양한 사례를 살펴보고 인권에 관한 감수성을 길러 이를 실천하려는 의지를 함양한다.
>
> —'도덕과 교육과정 [초등학교] (3) 사회·공동체와의 관계 성취기준'에서 발췌

도서관, 대중교통, 시장 이 세 곳은 모두 어린이를 배제하지 않는 공간이다. 요즘은 어린이 출입 금지 구역이 많아서 대중이 머

무는 공간에서 아이들이 조금씩 배제되고 있다. 그 결과 공공예절을 배울 기회도 줄어들고 있다. 그럴수록 부모가 이를 의식해 공공장소에 자주 데려가서 뜻깊은 추억을 만들고 공공예절을 배울 기회를 많이 제공해 주면 좋겠다. 이를 통해 아이는 타인을 존중하고 배려하는 마음을 배우고 이를 다양한 방법으로 실천해 보면서 다른 사람도 나와 같이 소중한 존재임을 깨달아 갈 것이다.

02

스마트폰에 너무 의존하지
않는 아이로 기르고 싶어요

❋ 미디어 활용 능력보다 미디어를 대하는 태도가 중요하다

중학교에서 나는 미디어 리터러시 수업도 진행한다. 미디어 리터러시media literacy란 다양한 매체를 이해하고 다양한 메시지를 분석 및 평가해 의사소통할 수 있는 능력을 말한다. 요즘 아이들의 매체 활용 능력은 다 고만고만하다. 대부분 학생은 카카오톡, 소셜 미디어, 유튜브 등 소통을 기반으로 하는 플랫폼을 적극적으로 활용해 정보를 소비한다.

그런데 몇몇 학생은 가짜 뉴스에 현혹되기도 했다. 자극적인 뉴스에 눈길을 보내며 필터링 없이 진짜로 믿어 버리거나 심지어 사

실 확인을 하지 않고 공유하기도 했다. 정보를 함부로 공유하는 것도 문제가 될 수 있다는 걸 전혀 알지 못한다는 사실이 놀라웠다.

아이들은 사이버 폭력의 위험성도 잘 인지하지 못한다. 즉 악성 댓글을 달면 명예훼손이 될 수 있고, 성적인 농담을 던지면 사이버 성폭력이 될 수 있다는 것에 매우 둔감하다. 아무래도 현실에서 얼굴을 맞대고 하는 이야기가 아니다 보니 같은 범죄라도 가볍게 여기는 것이다. 또한 초·중학교에서는 카카오톡을 매개로 한 학교폭력이 매우 빈번하게 일어난다. 이런 현실을 바라보면서 나는 무분별한 정보가 넘쳐 나고 미디어 활용도가 더욱 커지는 시대에서 내 아이들에게 무엇을 가르쳐야 할지 고민하게 되었다.

아주 어릴 때는 미디어 기기 사용 방법보다 미디어를 대하는 바른 태도와 활용법을 기르는 것이 우선이다. 앞으로는 기술이 상상하지 못할 만큼 크게 발전할 것이다. 따라서 미디어 기기 사용 방법을 알려 주려고 조바심을 낼 필요가 없다. 예를 들어 아이들에게 스마트폰 활용법을 일찍부터 가르쳐 줄 필요가 있을까? 스마트폰은 매우 직관적이고 단순한 구조라 아이들이 크면 더 쉽고 빠르게 배운다. 즉 굳이 미리 알려 줄 필요가 없다. 반면 미디어를 절제하며 올바르게 사용하는 태도를 일찍부터 심어 주어야 한다. 이는 아이 인성의 일부분이 되고 훗날 경쟁력으로 자리매김할 것이다.

진짜 중요한 것을 가르쳐야 할 때

① 미디어를 잘 통제하는 능력 _____

『도둑맞은 집중력』에서는 미디어를 시청하다 보면 집중력을 빼앗기게 된다고 말한다. 앞으로는 미디어 시청 시간을 잘 조절할 수 있는지가 큰 경쟁력이 될 것이다. 따라서 미디어 시청 시간을 정해 놓고 그 시간에만 아이들이 미디어를 시청하도록 해야 한다.

가장 좋은 건 부모와 아이가 '함께' 조절하는 것이다. 아이에게는 주 1회 30분만 보라고 해놓고 부모는 스마트폰을 계속 붙들고 있다면 어떨까? 아이에게 스마트폰을 주는 순간 "엄마도 매일 스마트폰만 보잖아요"라고 말하면서 따라 할 게 분명하다. "엄마는 어른이고 너는 아이잖아"라는 대답은 별 도움이 되지 않는다. 따라서 아이와 함께 미디어 시청 시간을 조절하는 모습을 보여 줄 필요가 있다.

그 과정에서 "엄마도 오늘은 약속을 못 지켰어. 이거 생각보다 어렵네. 오늘 30분만 보면서 생활용품을 사려고 했는데 어느새 친구랑 대화하고 유튜브 영상을 봤더니 1시간이 훌쩍 넘어가더라. 진짜 어렵네" 하고 솔직한 마음을 털어놓아도 좋다. 약한 모습을 드러내는 게 오히려 교육적으로 더 낫다. 아이는 자연스레 '엄마도 잘 통제하지 못하는데 나중에 스마트폰을 갖게 되면 조심해야겠다'고 생각할 것이기 때문이다. 부모가 미디어 기기 사용을 경계하는 모습을 보여 주면 아이도 그런 태도를 물려받을 것이다.

② 태블릿PC와 스마트폰보다는 노트북을 이용하자

나는 평소 집에서 태블릿PC와 스마트폰보다는 노트북으로 일한다. 태블릿PC와 스마트폰은 아무래도 사용법이 단순하고 직관적이라 아이가 곁에서 보고 사용법을 배우기 쉽다. 게다가 스마트폰은 수시로 곁에 두고 사용하지만 노트북이나 데스크톱은 아무래도 휴대성이 떨어지고 자판이 익숙지 않은 아이는 접근하기가 쉽지 않다. 노트북을 활용하면 아이 눈에는 엄마가 일하는 것처럼 보인다. 즉 '엄마가 노트북을 쓴다 = 일한다'라는 개념을 만들고자 노력했다.

아이들은 컴퓨터를 하는 엄마를 보더니 "나도 엄마처럼 컴퓨터로 글자 쓰고 싶어요"라고 말했다. 아무래도 부모가 스마트폰을 만지는 모습보다 컴퓨터로 무언가를 하는 모습을 많이 봐왔기 때문이다. 만약 스마트폰으로 시간을 때우는 모습을 더 자주 보았다면 아이들도 그렇게 따라 하려고 했을 것이다. 이처럼 아이들은 눈에 보이는 대로 배워 간다.

그래서 우리 아이들은 스마트폰 사용법보다 PC 사용법을 자연스럽게 먼저 배웠다. 둘째는 한글 워드 프로그램에 이름 쓰기부터 시작해 지금은 짧은 편지를 쓰는 연습을 하고, 첫째는 한컴 타자 연습 8단계를 깨는 것을 목표로 타자 연습을 시작했다.

③ 코딩은 아이가 원할 때 가르쳐도 늦지 않다

많은 사람이 어릴 때부터 디지털 교육을 해야 한다고 강조한다. 앞서 언급했지만 나는 아이들이 능동적으로 프로그램을 활용하고자 할 때 가르치는 적기 교육에 찬성한다. 또한 앞으로 어떤 소프트웨어와 기기가 나올지 모르기 때문에 디지털 교육에 있어서 시간이 흘러도 변하지 않을 가치에 중점을 두어야 한다고 본다. 의미를 이해하지 못한 채 알고리즘을 기계적으로 외우는 것이 아니라 키보드 자판을 외우는 정도에서 미디어와 정보를 제대로 통제하고 활용하는 태도를 익히는 것이 훨씬 더 가치 있다. 물론 학습 보조 수단으로 영상을 찾아본다거나 궁금한 것을 검색할 때는 적극적으로 활용해야 한다. 하지만 미디어 기기의 주도권을 아이에게 일찍 내주거나 미디어 기기를 사용할 때 부모가 주의 깊게 살피지 않는다면 아이는 미디어 세상에 걷잡을 수 없이 빠질 수 있다.

> 디지털 사회에서 발생하는 다양한 문제를 살펴보고, 해결 방안을 탐구하여 정보통신 윤리에 대한 민감성을 기른다.
> – '도덕과 교육과정 [초등학교] (3) 사회 · 공동체와의 관계 성취기준'에서 발췌

4차 산업혁명 시대에는 틀에 박힌 일들을 해내는 능력보다 자신이 처한 환경에서 전에 없던 창의적인 일들을 해나가는 것이 더욱 중요하다고 한다. 즉 지금은 창의성이 중요한 시대다. 따라서 다시 한번 강조하지만 아이들은 정보를 다루는 기술보다 정보를 바르게 활용하는 태도를 길러야 한다. 다양한 정보를 잘 분별하고 도덕적으로 바른 선택을 내릴 수 있는 아이가 되도록 가정교육의 중심을 잘 잡기를 바란다.

03

아이가 친구들에게
괴롭힘을 당하면 어쩌죠?

최근 들어 학교폭력에 대한 경각심이 더욱 커지고 있다. 우선 학교폭력은 '학교 내외에서 학생을 대상으로 발생한 상해, 폭행, 감금, 협박, 약취·유인, 명예훼손·모욕, 공갈, 강요·강제적인 심부름 및 성폭력, 따돌림, 사이버 폭력 정보 등에 의하여 신체·정신 또는 재산상의 피해를 수반하는 행위'로 정의된다. 이처럼 학교폭력의 범위는 매우 넓은데, 그중에서 아이가 어릴 때는 신체적·정신적 피해를 수반하는 행위를 하거나 당하지 않도록 곁에서 지도해야 한다.

학교폭력이 일어나면 아이들은 각자 가해자와 피해자가 되고 부모들 사이에서 많은 분쟁이 오간다. 많은 부모는 내 아이가 가해

자는 물론이고 피해자도 되지 않기를 바랄 것이다. 부모 품을 떠나 학교에서 안전하게 자기 영역을 만들어 갈 수 있도록 부모의 관심이 필요하다.

자녀 코칭 포인트 가정에서부터 시작하는 학교폭력 예방 교육

학교폭력이 발생하면 가해 학생들은 "장난인데요?", "친구 사이에 장난도 치면 안 돼요?"라고 변명하곤 한다. 그런 말을 들으면 답답함이 몰려온다. 학교폭력은 피해자의 생각과 반응이 중요하다. 피해자가 장난이 아니라 괴롭힘으로 받아들이고 몸과 마음이 불편했다면 학교폭력으로 규정할 수 있다. 따라서 아이들이 평소에 상대방 입장에서 생각하는 역지사지의 태도를 갖출 수 있도록 가정에서부터 잘 가르쳐야 한다.

① 불편한 감정을 말할 수 있도록 하자 _____

"하지 마", "기분 나빠", "불편해" 등 집에서부터 아이가 불편한 감정을 표현할 수 있게 분위기를 조성하자. 또한 부모도 아이가 장난을 받아들이지 못한다면 진지하게 경청해야 한다.

예컨대 아이가 "너무 간지러워서 괴로워요"라고 말했는데 부모

는 "장난친 건데 뭘 그걸 가지고 울어. 너도 처음에는 재밌어했잖아"라고 대응하면 좋지 않다. 어쩌면 부모라는 이유로 아이에게 놀이를 강요하지 않았는지 되돌아보자. 장난으로 시작했더라도 아이가 괴롭힘으로 받아들인다면 바로 멈춰야 한다. 또한 사소한 장난이라도 옳고 그른지 한번 생각해 보고 아이에게 가르쳐야 한다.

② 갈등을 스스로 해결해 보는 경험

둘째는 유난히 고자질이 잦아서 언니와 남동생이 불편하게 하면 바로 내게 와서 말하는 편이었다. 그런 것만 이야기했다면 그러려니 넘어갔을 테지만, 둘째는 언니와 남동생 사이에서 일어난 일들을 쪼르르 달려와 수시로 보고하기도 했다. 어느 날은 빈도가 너무 잦은 것 같아 아이에게 스스로 해결하는 힘을 길러 줘야겠다고 생각했다.

"별아, 엄마에게 자꾸 와서 이야기하는 이유가 뭐야?"

"언니가 자꾸 나 괴롭혀서 힘들어서요."

"그러면 엄마가 언니를 심하게 야단치면 좋겠어?"

"그건 아니에요."

"그럼 어떻게 하면 좋을까?"

"잘 모르겠어요."

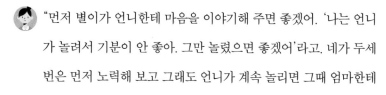

"먼저 별이가 언니한테 마음을 이야기해 주면 좋겠어. '나는 언니가 놀려서 기분이 안 좋아. 그만 놀렸으면 좋겠어'라고. 네가 두세 번은 먼저 노력해 보고 그래도 언니가 계속 놀리면 그때 엄마한테 도움을 요청하는 건 어때?"

"네. 그렇게 해볼게요."

조금 귀찮기는 해도 아이들의 갈등에 매번 끼어드는 건 어릴 땐 얼마든지 해줄 수 있다. 하지만 학교에 가면 아이들 사이에서 셀 수 없이 많은 일이 일어난다. 그때마다 부모나 교사가 끼어들어서 모두 조정해 줄 수는 없다. 따라서 아이들이 직접 갈등을 해결하는 경험이 필요하다. 스스로 갈등을 해결하다 보면 나이를 먹을수록 자기 입장을 상대방에게 섬세하게 전달하는 능력이 향상될 것이다. '알아서 잘 딱 깔끔하고 센스 있게' 아이들이 자기 문제를 스스로 해결하는 능력이 자라나면 좋겠다.

③ 내 아이를 객관적으로 보는 연습

놀이터 같은 곳에서 아이가 여러 친구와 놀 때 내 아이를 객관적으로 바라보는 연습을 해보자. 부모는 어쩔 수 없이 자녀 편일 수밖에 없다. 하지만 때로는 내 아이가 어떤 성격과 성향인지, 어떤 패턴으로 노는지, 할 말은 잘하는지, 상대방을 얼마나 배려하는지 살펴볼 필요가 있다. 어른이 직장과 집에서 각각 다르게 행동하듯, 아이 또한 나름의 사회성을 발휘해 밖에서 놀 때 집 안에서와 다르게 행동할 수 있다. 그 틈을 잘 알아채야 한다.

기관 선생님의 피드백도 주의 깊게 들어야 한다. 때로는 선생님의 성향에 따라 아이에 대해 세세하게 말하지 않거나 피드백이 긍정적 또는 부정적으로 치우치기도 한다. 하지만 어떤 경우에도 아이에 대한 부정적인 피드백은 관심 있게 듣고 아이가 행동을 개선할 수 있게 노력해야 한다.

덧붙여 놀이터는 아이들에게 놀이기구마다 사회성을 가르칠 수 있는 정말 좋은 장소다.

놀이기구별 올바른 이용 방법

미끄럼틀	• 기다린 순서대로 타기 • 앞 아이가 미끄럼틀을 타고 끝에서 일어났을 때 미끄럼틀 타기 • 미끄럼틀을 반대로 올라가는 위험한 행동을 하지 않기
그네	• 앞 아이가 타고 있을 때는 안전한 자리에 서서 기다리기 • 기다린 순서대로 타기 • 몇 번 더 타고 내려올지 의논하기(다음 친구를 배려하는 눈치 길러 주기)
시소	• 모르는 아이가 타고 있으면 일단 기다리기 • 같이 타고 싶으면 그전에 꼭 물어보기 • 상대방의 놀이 성향을 파악해 강도 조절하기

이처럼 놀이기구를 함께 타는 아이들 사이에도 지켜야 할 예절이 많다. 아이들은 이런 것들을 자연스레 익히지 못한다. 또한 때로는 규칙을 잘 안다고 해도 머리보다 마음이 앞서서 하고 싶은 대로 행동할 때가 많다. 아이들 곁에 머무르면서 다른 아이들을 배려할 수 있게 부모가 공공예절을 직접 가르치자. 아이들이 자기 문제를 스스로 잘 알아서 해결하는 능력은 무수히 많은 관찰과 모방, 그리고 부모의 직간접적 가르침 속에서 생겨난다. 그 점을 꼭 기억하자.

> 인권을 존중해야 하는 도덕적 이유를 정당화하고, 인권 침해 사례에 대한 탐구를 통해 그 원인과 해결 방안을 도출함으로써 인권 감수성을 기른다.
>
> – '도덕과 교육과정 [중학교] (3) 사회·공동체와의 관계 성취기준'에서 발췌

놀이터는 생각보다 많은 규칙과 질서, 매너가 필요한 곳이다. 따라서 놀이터에 자주 가서 아이들이 그 나이대에 배워야 할 것들을 자연스레 익힐 수 있게 하자. 또한 아이들이 알아서 놀 것이라는 마음은 잠시 내려두고 아이들 사이의 갈등에 좀 더 관심을 기울여 보자. 조금만 더 도움을 주면 이후에는 놀이터에서 한결 수월하게 놀 것이다.

남을 돕는 게 중요하다는데
어떻게 가르치죠?

사람마다 타고난 환경이 다르다. 부유한 가정에서 태어나 많은 것을 누리고 사는 사람이 있는 반면, 어떤 사람은 어려운 환경에서 많은 것을 인내하고 극복하며 살아가야 한다. 이렇듯 다양한 삶의 방식 속에서 더불어 잘 살아가기 위해 마이클 샌델Michael Sandel의 『공정하다는 착각』을 십 대를 위해 엮은 『10대를 위한 공정하다는 착각』이라는 책에서는 서로 배려하고 연대하며 함께 나눔을 실천하는 자세가 필요하다고 이야기한다.

현재 우리 사회는 점점 개인주의로 바뀌어 가고 있다. 개인주의는 개인의 의견과 다양성을 존중한다는 태도이므로 그 자체로는 나쁘지 않다. 다만 개인주의가 이기주의로 변질되는 것은 경계해야 한다. 나는 우리 아이들이 나만 생각하는 이기적인 태도가 아닌 남을 돕는 과정에서 보람을 느끼며 이타적인 선택이 틀리지 않았음을 느낄 수 있었으면 좋겠다. 그래서 아이들이 더욱더 옆 친구를 챙길 줄 알고, 그 과정에서 의미를 찾고 즐거워할 줄 아는 사람으로 자랐으면 했다.

자녀 코칭 포인트 '기여'를 일상에서 가르치는 법

남을 돕고 베푸는 것은 아주 거창해 보이지만 그리 어렵지 않다. 부모부터 실천하면 아이들은 부모를 본받는다. 참된 삶의 가르침을 주고받는 것이다. 아이들은 이 과정에서 긍정적인 감정을 느끼고 이로써 선한 영향력의 선순환이 일어난다. 나와 삼 남매가 일상생활에서 기여를 실천하는 구체적인 방법을 소개하겠다.

① 꿈 노트 만들기

『꿈꾸는 다락방』에 따르면 꿈을 눈에 보이는 것으로 표현하고 매일 반복해서 읽고 다짐할 때 실현될 가능성이 더 크다고 한다. 이 책을 읽고 큰 감명을 받아 직접 실천해 보았다. 다이어리 표지를 넘기면 나오는 첫 페이지에 내 꿈들을 작은 사진으로 뽑아서 붙이고 작은 글씨로 나의 소망과 그 소망을 이뤘을 때 주변 사람에게 미칠 영향을 함께 적어 두었다.

어느 날 저녁 식사 후에 나는 아이들에게 그 다이어리를 보여 주었다. 엄마는 지금 이런 꿈을 이루기 위해 매일 아침 다이어리를 펼쳐서 읽는다고 말이다. 그러자 둘째가 "엄마! 이걸 꿈 노트라고 부르는 건 어때요?"라고 말했다. 나는 아이 의견을 받아들였다.

며칠 뒤 첫째와 둘째에게 별생각 없이 노트 하나씩 선물해 주었다. 그러자 아이들은 자기도 꿈 노트를 만들어 보겠다고 말했다. 첫째는 경찰이 꿈이라 했고, 둘째는 발레리나가 꿈이라면서 사진을 뽑아달라고 부탁했다. 나는 각각 사진을 찾아서 작게 뽑아 주었다. 아이들은 희망하는 직업을 쓰고 사진을 붙인 뒤 그 꿈을 이루고 싶은 이유를 나처럼 적기 시작했다. 그중 인상 깊은 문구가 있었는데 '경찰은 나쁜 사람을 잡아서 착한 사람들을 도와주는 일을 하니까 경찰이 되고 싶어요'라는 것이었다.

『세상에서 가장 쉬운 본질육아』에서는 내 삶을 통해 남을 어떻게 도울 수 있을지 아이들이 생각해 볼 기회를 주라고 한다. 우리 아이들은 나의 꿈 노트를 보고 자신의 꿈을 가시화했다. 그리고 그 꿈을 통해 사회에 어떻게 기여할지 고민한 흔적을 남겼다. 정말 감동적이었다.

아이들이 장래 희망을 가지고 있는가? 꼭 직업이 아니더라도 특별한 미래를 꿈꾸고 있는가? 만약 그렇다면 그것을 두 눈으로 보고 말로 되뇌고 마음에 새길 수 있게 가시화해 보자. 그리고 마지막에는 이렇게 물어보자. "이 일을 왜 하고 싶어? 다른 사람에게 어떤 도움을 줄 수 있을까?"

② 기부를 상세히 알려 주기

나는 평상시에 아무리 절약하며 살아도 기부는 꼭 실천하려고 노력했다. 그래서 큰 금액은 아니더라도 수입 일부를 떼어 국내 아동을 돕고 있다. 이런 나눔을 실천하는 부모가 많은 것으로 안다. 하지만 부모만 선행을 하고 아이들에게는 말해 주지 않는 경우가 많다.

2년 전 셋째가 대학병원에서 진료를 받은 적이 있는데, 우연히 병원 벽면에 붙은 수많은 기부자와 기부사업장 목록을 유심히 보게 되었다. 우리 부부도 대학병원에서 진료받는 저소득층 아이들에게 도움을 주어야겠다는 마음이 들어 정기 후원을 신청했다. 그리고 이 과정을 세 아이에게도 자세히 설명해 주었다. 기부의 의미부터 시작해서 기부 방법 등을 세세하게 말이다.

아이들에게 내가 가진 것 일부를 남과 함께 나누는 기쁨을 설명해 줄 수 있다. 아이들과 시시콜콜한 이야기를 나누는 게 때로는 귀찮더라도 그 작은 이야기가 아이의 인격을 성장시키는 멋진 씨

앗이 될 수 있음을 명심하면 좋겠다.

어느 날은 첫째, 둘째가 다니는 기관에서 저금통을 하나씩 받아왔다. 아이들은 저금통을 손에 들고 이렇게 말했다. "이 저금통에 동전이랑 지폐를 모아서 오면 외국의 아픈 아이들을 도울 수 있대요. 엄마 나는 어린이날 선물 안 받을래요. 대신 선물 살 돈을 여기 저금통에 넣어서 아픈 친구들을 도와주고 싶어요." 감동받지 않을 수 없는 순간이었다. 아이들은 나눔의 가치를 제대로 이해하고 있었다. 자신의 몫을 기꺼이 나누려는 그 마음이 예쁘게 느껴졌다.

> 인류의 고통에 공감하며 지구적 차원의 다양한 도덕 문제들을 탐구하고, 해결 방안을 모색하여 실천하는 자세를 갖는다.
>
> – '도덕과 교육과정 [중학교] (3) 사회·공동체와의 관계 성취기준'에서 발췌

아무도 홀로 세상을 살아갈 수 없다. 때로는 남들에게 필요한 도움을 주고, 또 때로는 누군가의 도움을 받으며 살아간다. 세상살이에 꼭 필요한 태도를 아이가 자연스럽게 터득하게 하려면 부모가 먼저 본을 보이는 방법이 가장 자연스럽고 효과적이다. 이를 통해 부모에 대한 존경심도 불러일으킬 수 있다. 공정, 정의, 기여는 생각보다 멀리 있지 않다. 가정에서부터 이를 잘 가르쳐 보자.

05

넓은 세상을 어떻게
가르쳐야 할까요?

❋ **점점 늘어나는 다문화 가정 학생들**

  2023년 다문화 가정 학생은 약 18만 명으로 전체 학생의 3.5%라고 한다. 우리나라 초·중·고등학교 전체 학생 수는 지속적으로 감소하는 반면, 다문화 가정 학생 수는 2013년 대비 3배 이상 증가했으며 실제로 학교에서 적지 않은 비율을 차지하고 있다.

  다문화 가정 학생 중 상당수는 학교생활에 잘 적응하지 못한다. 무엇보다 언어가 달라서 겪는 어려움이 가장 크다. 설령 여러 도움을 받아 언어 장벽을 극복했다 해도 말투까지 비슷해지기는 힘들다. 하지만 아이들은 이런 차이를 놓치지 않고 자신과 확연히 다른 존재로 구분 지을 때가 있다.

　이처럼 아이들이 다니는 학교는 우리 세대가 다니던 학교와는 조금 다른 모습이다. 그 때문에 요새 강조하는 다문화, 다양성 존중, 포용력이라는 가치가 어른들에게 잘 와닿지 않을 수 있다. 하지만 아이들은 하루 중 많은 시간을 다문화 가정 아이들과 보내고 있다. 따라서 아이들에게 무작정 외국어부터 가르치기보다는 문화의 다양성을 먼저 알려 줄 필요가 있다. 언어는 맥락 없이 동떨어진 지식으로 배우는 것보다 다양성을 이해하고 필요성을 느끼며 배우는 게 더 효과적이기 때문이다.

　세상에는 많은 나라가 존재하고 제각각 다른 문화를 지니고 있다. 문화를 먼저 이해하면 관용, 이해력, 포용력, 배려심은 당연히 커질 것이다. 극단적으로 말해 언어와 소통은 AI가 대신할 수 있는 시대가 되었다. 하지만 세심하고 배려하는 마음이 담긴 포용력은 결코 AI가 대신할 수 없다. 따라서 어릴 때부터 이런 가치를 부모에게 배워야 한다.

자녀 코칭 포인트 다양한 문화에 대한 이해력 높이기

아이들에게 우선 중요한 것은 외국어 구사력이 아니라 다양한 문화에 대한 이해력이다. 나는 평소 세 아이에게 다른 사람을 차별 없이 이해하는 방법을 알려 주려고 노력했다. 그 와중에 생긴 몇 가지 일화를 소개하겠다.

① 아이가 큰 소리로 차별 언어를 말할 때 대처법 _____

어느 날 첫째가 누군가를 보더니 나에게 귓속말을 하려고 시도했다. 그래서 내가 "엄마가 귓속말은 상대방이 보기에 기분 나쁠 수 있다고 했지? 할 말이 있으면 그냥 편하게 말해도 돼"라고 했더니 아이는 이렇게 외쳤다. "엄마! 저 아저씨 대머리에요!"

이걸 아이의 순수함이라고 할까, 아니면 눈치 없음이라고 해야 할까. 나는 당황했지만 아이에게 이렇게 당부했다. "슬아, 세상에는 다양한 사람이 있어. 피부가 갈색이거나 검거나 하얀 사람, 키가 작은 사람과 큰 사람, 머리숱이 많은 사람과 적은 사람, 안경을 낀 사람과 그렇지 않은 사람. 그런데 슬이가 머리카락을 두고 이렇게 귓속말하는 행동은 하지 않으면 좋겠어. 네 겉모습에 대해 누군가 너를 쳐다보면서 귓속말하면 어떨 것 같아?"

꼰대라고 해도 어쩔 수 없다. 나도 별생각이 없었다면 아이의 말을 웃어넘겼을 것이다. 하지만 아이가 잘 모른다고 해서 넘길 게 아니라 차별 언어를 해서는 안 된다는 걸 반드시 가르쳐야 한다. 아이의 순수함에 놀라면서도 그 타이밍을 놓치지 않고 알아들을 수 있게 차근차근 설명해 주었던 기억이 지금도 선명하다.

② 넓은 세상을 자연스럽게 보여 주고 들려주기 _____

최근 들어 4~7세 아이를 대상으로 한 외국어 교육이나 한자 교육이 한창이다. 하지만 아이들의 외국어 능력은 모국어 수준을 넘어설 수 없다. 예외도 있겠지만 대체적으로 모국어에 대한 문해력이 뒷받침되어야 외국어 이해력도 빠르게 성장한다고 한다.

그렇다면 유아기 자녀에게 부모는 무엇을 알려 줄 수 있을까? 바로 문화다. 맥락 없이 배우는 문화는 마치 앙꼬 없는 찐빵과 같다. 언어를 배우는 이유는 아주 단순하게는 해외여행을 갔을 때 잘 써먹기 위해, 더 나아가서는 학업 성적을 잘 얻고 훗날 외국에 진출해 다양한 성장 기회를 얻기 위해서다. 하지만 영문도 모른 채 배우는 언어가 4~7세 아이에게 어떤 의미가 있을까?

오히려 아이에게 그 언어를 사용하는 나라를 매력적으로 소개하는 게 더 의미 있으리라고 본다. 아이에게 넓은 세상을 보여 주는 방법은 언어를 가르치는 것뿐만이 아니다. 세계지도를 벽에 붙여 두고 영어를 쓰는 나라가 어디에 있고 얼마나 많은지 설명하고 나서 'Hello'를 알려줘 보자. 분명 아이가 영어를 이전과는 다르게 받아들일 것이다.

한편 그림책 중에도 외국 문화를 담은 작품이 많다. 예를 들어 신발을 신고 집에 들어가는 그림을 보면 그냥 지나치지 말고 이렇게 언급해 주자. "어떤 나라는 우리처럼 현관에서 신발을 벗고 들어가는 게 아니라 이렇게 신발 신은 채로 들어가기도 해. 우리는 식사할 때마다 젓가락을 쓰잖아. 그런데 미국이나 유럽은 젓가락을 쓰지 않아. 대부분 포크를 쓴대. 신기하지?" 이런 식으로 우리나라의 문화와 다른 점을 자연스럽게 알려 줌으로써 아이들의 말랑한 머릿속을 다양한 문화에 대한 지식으로 채워 주자.

또한 음식을 통해서도 다양한 문화를 알려 줄 수 있다. 쌀국수, 월남쌈, 콥샐러드, 케밥, 파스타 등 외식이나 배달 음식으로 종종 만나는 외국 요리들을 해보자. "별아, 쌀국수는 어느 나라 음식인지 알아?", "비빔밥은 어느 나라 전통음식일까?" 이렇게 밥을 먹으면서 질문하면 음식에 충분히 집중하면서도 문화를 알려 줄 수 있다. 하루가 너무 빨리 흘러가고 아이들을 먹이고 입히고 재우는 것만으로도 바쁠 테지만 가끔씩 이런 색다른 이야기를 나누면 좋겠다.

> 외집단에 대한 편견을 비판적으로 분석하고, 타문화·타 종교·다른 인종을 존중해야 하는 이유에 근거하여 차이와 다양성에 대한 열린 마음을 기른다.
>
> – '도덕과 교육과정 [중학교] (3) 사회·공동체와의 관계 성취기준'에서 발췌

기술이 발달할수록 국가 간 경계가 빠르게 허물어지고 있다. 그리고 우리나라에 거주하는 외국인 비율도 늘어나고 있다. 아이가 내가 사는 지역과 나라에만 시각이 머무르지 않고 더 넓은 세상을 바라보며 큰 꿈을 꿀 수 있도록 관점을 넓혀 주자. 비록 언어 습득 속도가 조금 느려지더라도 다른 문화, 종교, 인종을 포용할 줄 아는 아이는 외국어의 필요성을 저절로 깨달으며 더 잘 학습해 나갈 것이다. 더욱 큰 그림을 그리는 부모가 되었으면 좋겠다. 타인을 배려하는 행동의 중요성을 알고 그것을 일상에서 실천하는 기회를 많이 제공하도록 애써 보자.

06

아이가 할 말을 못해서

답답해요

우리 아이들은 코로나19 팬데믹을 온몸으로 직접 겪은 세대다. 아직 어려서 주변 사람과 소통해 본 경험이 충분하지 않은 상태에서 가족 중심으로 고립되어 2~3년간 생활해 온 것이다. 그래서 아동 발달 전문가들은 요즘 아이들의 언어, 인지, 사회성 발달이 조금씩 지연되는 양상을 보인다고 말한다. 실제로 우리 집 아이들도 한창 모방하고 습득할 시기에 가정을 중심으로 생활했고, 그래서 누군가와 차분히 이야기 나누는 경험을 많이 하지 못했다.

3년간의 육아휴직을 거치고 중학교로 돌아가서 나는 초등 고학년 때 팬데믹을 겪은 아이들을 만났다. 이 아이들도 비슷한 모습을 보였다. 아이들은 서로 다른 의견을 조율할 줄 몰랐다. 그래서 학급 회의를 하면 의견을 합의해 가는 것이 아니라 서로 자기 의견이 옳다고 주장하거나 결국 싸움으로 치닫는 상황이 많았다. 나는 아이들에게 민주적인 소통 방법을 하나하나 가르쳐 주었다. 일단 상대방의 의견을 경청하고, 무조건 비난할 것이 아니라 대화를 통해 더 나은 결론을 도출해야 한다는 사실을 알려 주자 아이들은 차츰 긍정적으로 변하기 시작했다.

4~7세 아이도 마찬가지다. 비록 자기중심적인 나이이지만 점차 다른 사람의 의견을 듣고 조율해 가는 경험을 쌓아 나갈 수 있다. 4세가 되면 자아가 강해져서 하고 싶은 대로 하려고 하고 흔히 '미운 네 살'이라고 부를 정도로 고집이 세진다. 6~7세도 마찬가지다. 사소한 걸로 싸우거나 자기 생각만 옳다고 주장한다.

물론 자기 말만 주장하는 것은 문제이지만 한편으로는 그 반대의 성향도 문제가 될 수 있다. 내가 틀렸을까 봐 또는 자신 없어서 할 말을 하지 못하는 것이다. 즉 발언 기회를 똑같이 줘도 자기 생각을 마구 쏟아내는 아이가 있는가 하면, 오히려 입을 꾹 다물고 말하지 못하는 아이도 있다. 그래서 나는 아이가 말할 때 귀담아 들어야겠다는 생각이 들었다. 아이의 말이 옳고 그른지를 떠나 일단 누군가 자기 말을 경청해 준 경험이 아이에게 중요하다고 생각했기 때문이다.

자녀 코칭 포인트 집에서 가족 대화를 늘리는 방법

① 거실을 육아의 장으로 적극 활용하기 _____

세 아이를 기르면서 이사를 여러 번 다녔고, 그때마다 거실 가구 배치가 달라졌다. 가구를 새로 들이거나 옮기고 없애면서 나는 세 아이와 우리 부부가 거실을 중심으로 지낼 방법을 고민해 왔다. 그 결과 지금은 몇 가지 원칙을 정해 거실 중심으로 잘 생활하고 있다.

많은 부모는 아이가 넓은 공간에서 놀 수 있게 장난감을 거실에 둔다. 하지만 나는 놀잇감들을 작은 방으로 몰았다. 이유는 하나다. 놀잇감은 아이가 혼자서도 잘 가지고 놀 수 있기 때문이다. 나는 거실을 사람들과 소통하는 대화 중심의 공간으로 만들고 싶었다. 혼자 무언가를 하더라도 옆 사람과 자연스럽게 이야기를 나눌 수 있는 공간 말이다. 그래서 보드게임과 책은 거실에 두고 그 밖의 장난감이나 블록 등은 모두 놀이방에 두었다.

똑같은 이유로 유아 책상과 부모의 2인용 책상을 거실에 함께 두었다. 함께 둘러앉아 그림 그리기, 글쓰기, 하루 네 쪽 공부 등을 거실 중심으로 할 수 있게 환경을 마련한 것이다. 우리 부부는 평일 저녁이나 집에 머무는 주말이면 거실에서 시간을 보내려고 노력했다. 평일에 아이들이 하원하고 부모도 직장에서 돌아오면 길어야 2~3시간이 남는다. 이마저도 집안일을 하는 시간을 제외하

면 1~2시간이 겨우 될까 말까다. 그 시간에 부모가 안방에서 휴식을 취하면 참 좋겠지만 그럼 아이들만 남게 된다. 하루의 가장 편안한 시간을 아이들끼리 보내야 하는 것이다. 대화할 기회가 많이 제한될 수밖에 없다.

나는 시간을 쓸 때 집중해야 할 대상을 명확히 했다. 평일 저녁에는 아이들에게 시간을 쓰기로 정했고, 너무 쉬고 싶을 때는 작은 원형 매트를 거실에 들고 와서 아이들 곁에 누워 있을 정도였다. 사실 그러면 제대로 쉬는 게 아니다. 어쩌면 방에 들어가서 쉬고 나오는 게 나를 위한 길일지도 모른다. 하지만 하루에 단 30분이라도 아이들 곁에 머물러 보자. 아이들은 사람이 옆에 있으면 가만두질 않는다. 하다못해 기관에서 있었던 일을 쫑알쫑알하기도 한다. 누군가 내 말을 귀 기울여 듣는다는 경험 자체가 팬데믹을 겪은 아이들에게 귀한 자산이 될 것이다.

실제로 우리 아이들은 주변에서 말이 빠르고 할 말을 조리 있게 잘 한다는 이야기를 자주 듣는다. 아무래도 가정에서 아이들의 말을 부모가 많이 들어 주다 보니 좋은 영향을 받은 것 같다.

② 일주일에 한 번 열리는 가족회의 _____

우리 집은 주말 중 하루는 저녁 식사 후에 식탁에 둘러앉아 간식을 먹으면서 가족회의를 한다. 시간을 딱 정해 두지는 않았고 가족 모두가 에너지가 조금 남아 있는 주말 저녁을 택한다. 에너지가 없을 때는 아무래도 날 선 말을 할 수밖에 없기 때문이다.

안건은 고정 안건과 변동 안건이 있다. 고정 안건은 지난 주말 나들이에 대한 회고, 다음 주말 계획, 주중에 먹고 싶은 식사 메뉴와 간식, 그리고 사야 할 물건 등이다. 변동 안건은 특별 용돈을 얼마큼 줄 것인가, 여름휴가는 어디로 갈 것인가, 여행지에서 아이들이 용돈을 각자 지출할 것인가, 동생이 부순 장난감은 어떻게 할 것인가 등 그때그때 새로 발생한 일들에 관해 이야기를 나눈다.

아이들이 8, 6, 3세일 때부터 가족회의를 함께해 왔는데, 아이들은 이 시간을 꽤 좋아한다. 서로 발언권을 얻어서 이야기하는 시간이 어른 흉내를 내는 것 같은지 꽤 진지하게 임한다. 서로의 생각이 오가는 시간은 참 귀하다. 가정에서부터 민주적인 회의를 경험하는 시간이기 때문이다. 때로는 부모와 아이들의 의견이 충돌하는데 오히려 아이들이 나에게 "엄마, 방금 그 말은 좀 심했어요. 예절을 지켜 주세요. 다른 사람이 기분 나빠할 말을 하면 안 되죠"라고 말하기도 한다. 그럴 땐 참 뜨끔하다.

가족회의를 열어 보면 아이들의 새로운 모습을 알게 될 것이다. 또한 경청할 줄 모르는 아이들에게 경청하는 경험과 다양한 의견을 듣고 이해하며 정리하는 경험을 선물해 줄 수 있다.

큰 노력을 기울이지 않아도 아이에게 정당하고 부당한 것을 구분할 수 있는 안목을 집에서부터 심어 줄 수 있다. 또한 가족회의 같은 대화 시간을 통해 사회에서 불합리한 상황에 처하더라도 타당한 말을 꺼낼 수 있는 용기를 얻게 된다.

나는 그동안 세 아이를 키우느라 바빠서 특별한 교육을 할 만한 여유가 없었다. 다만 가족 중심으로 생활하고 대화를 많이 나누는 환경을 만들고자 세심한 노력을 기울였다. 그 노력을 지속한 결과 아이들은 나름대로 제 수준에서 논리적인 사고를 해나가고 있다. 각 가정에서도 이런 부분에 관심을 가지고 하나씩 실천해 보면 좋겠다.

07

리더십 있는 아이로
기르고 싶어요

학교에는 자기 의견을 솔직하거나 논리정연하게 밝히는 아이들이 있는가 하면, 제 목소리를 내는 걸 부끄러워하거나 자신감이 부족한 아이들도 있다. 교사로서 나는 아이들의 사소한 이야기에도 최대한 귀 기울이는 편이었다. 학생 입장에서도 이건 아니다 싶은 일이 있을 때는 부드러운 표현으로 자기 생각을 명확하게 드러낼 수 있어야 한다고 생각한다. 대부분의 아이는 자기 생각을 논리정연하게 펼치지 못한다. 현실에 순응하고 현재 모습을 그저 정답이라고 믿는 데 익숙하기 때문이다. 상황을 새로운 시각으로 바라본다거나 그것을 문제 삼는 능력이 다소 부족하다는 것을 때때로 느끼곤 한다.

그래서 나는 세 아이가 자기 생각을 적극적으로 잘 표현하고 그 과정에서 감정, 생각, 의견을 잘 구분할 수 있는 지혜를 갖추길 바랐다. 이러한 능력을 기르는 구체적인 방법과 가정에서 그에 관한 기회를 자연스럽게 마련하는 방법을 고민했다.

자녀 코칭 포인트 '감사 일기'에서 '감사 말하기'로 나아가기

어느 평범한 휴일 오후에 가족들과 함께 시간을 보내다가 인터넷에서 누군가 감사 일기를 쓴다는 글을 읽었다. 감사 일기라는 것을 그때 처음 안 것은 아니다. 오프라 윈프리Oprah Gail Winfrey가 오래전부터 감사 일기를 쓴 덕에 불우한 유년 시절을 잘 극복했다는 사실을 도덕 교과서 예문으로 본 적이 있기 때문이다.

이상하게도 이날은 감사 일기가 내 마음속에 꼭 박혀서 떠나가질 않았다. 오프라 윈프리나 100억 원대 자산가가 아닌 평범한 사람들이 감사 일기를 쓴다는 사실이 오히려 내 마음을 움직였다. 즉흥적으로 곁에 있던 첫째 딸에게 감사 일기를 같이 써보자고 제안했다. 딸은 말을 꺼내자마자 감사 일기가 뭐냐고 묻더니 내 설명을 듣고는 함께 쓰고 싶다고 말했다. 다행히 딸은 첫날부터 감사 일기를 잘 써 내려갔다.

① 감사 일기를 쓰자 일어난 변화 _____

나와 첫째는 하루를 보내고 잘 준비를 마치면 작은 방에 들어가 함께 감사 일기를 썼다. 그날 감사했던 일을 세 가지로 정리해서 쓰고 상대방에게 읽어 주었다. 그리고 한 명이 대표로 소감을 말하고 마무리했다. 두 달이 지나자 많은 것이 바뀌었다.

먼저 나는 아이를 이해할 수 있는 마음의 여유가 생겼다. 예전에는 아이 행동 중에 이해할 수 없는 것이 많았다. 그래서 내 기준으로 아이를 앞서서 판단하고 나무란 적도 있다. 하지만 아이가 쓴 감사 일기를 찬찬히 듣다 보니 아이가 내 생각보다 훨씬 사려 깊은 아이로 잘 자라고 있다는 믿음이 생겼다.

평소에는 아이의 속생각을 들을 여유가 없었지만 감사 일기를 쓰는 시간만큼은 대화다운 대화가 오가며 서로의 이야기에 귀 기울일 수 있었다. 그리고 아이가 좋아하는 일(감사 일기 쓰기)을 할 때는 눈이 반짝인다는 사실도 알게 되었다. 아이의 글쓰기 실력이 늘어난 건 덤이다.

② 감사 일기 쓰기에 찾아온 난관 _____

하지만 3~4개월을 지속하던 차에 문제가 생겼다. 둘째와 셋째가 불편한 심기를 드러내기 시작한 것이다. 원래는 남편이 안방에서 둘째와 셋째에게 잠자리 독서를 해주는 동안 나와 첫째가 감사 일기를 썼는데 글 쓸 줄 모르는 둘째가 같이 끼고 싶어 했다. 셋째는 "엄마! 감사 일기 하지 마! 결이는 감사 일기 싫어!"라고 외치면서 엄마가 빨리 안방에 들어왔으면 했다.

당시 만 26개월이던 막둥이가 이 같이 소리치거나 둘째가 방문을 열고 훅 들어오는 날이 잦아지자 나는 점점 더 고민에 빠졌다. 첫째는 감사 일기를 쓰며 엄마와 일대일 대화를 할 수 있으니 좋아했지만 둘째와 셋째의 마음을 상하게 하면서까지 지속하는 건 세 아이의 엄마로서 마음이 불편했기 때문이다.

우리 가족은 다 같이 이 상황에 대해 지혜로운 답을 찾기 위해 고민했다. 서로의 마음을 확인하고 이야기를 나눈 끝에 글자를 쓸 줄 모르는 둘째와 잠자기 전에 엄마와 시간을 보내고 싶은 셋째를 다 품는 방법으로써 감사 일기 '쓰기'가 아닌 감사 '말하기'로 방식을 바꿨다.

③ 감사 말하기 방식 _____

그 이후로 감사 말하기를 지금까지 1년 가까이 이어 오고 있다. 생각보다 어렵지 않아서 많은 가정에서 함께하기를 바라며 방식을 소개해 본다.

일단 매일 한 명씩 돌아가며 사회를 맡는다. 우리 집은 나이순으로 정했다(남편-나-첫째-둘째-셋째). 대견하게도 막둥이는 4살인데도 사회를 잘 본다. 초반에는 미숙했지만 막둥이가 사회를 볼 때마다 대견하다고 칭찬하고 물개 박수를 쳐주었더니 이제는 누구보다 매끄럽게 감사 말하기를 이끌어 가고 있다.

감사 말하기는 세 아이 잠자리 독서를 마치고 나면 물 한 잔을 마시고 안방 불을 끄며 시작된다. 그러면 어둠 속에서 누워 있던 다섯 식구(안방에서 온 식구가 다 같이 잔다)는 사회자의 지목에 따라 그날 발언 순서가 정해진다. 즉 그날 사회자의 지시에 따라 감사 말하기가 진행된다. 가족들은 순서대로 한 명씩 그날 감사했던 일을 한두 가지 편하게 이야기한다. 때때로 발언 내용과 관련해 궁금한 점이 있으면 중간중간 물어보기도 하고 자연스럽게 일상 이야기를 덧붙여 나눈다.

가족 다섯 명의 감사 말하기가 끝나면 다 같이 손뼉을 치고 마무리 멘트를 한다. 사회자가 먼저 "모두 모두"라고 말하면 나머지 네 명이 "잘 자요!"라고 하고, 다시 사회자가 "모두 모두"라고 말하면 "사랑해요!"라고 말한다. 그리고 다 같이 "굿 나이트"라고 인사하며 잠에 든다. 참고로 우리 가족이 최근 했던 감사 말하기 멘트는 다음과 같다.

 "일주일간 직장의 중요한 일정이 잘 마무리되고 오늘은 밖에서 잘 지내고 와서 감사합니다."

"맛있는 밥을 먹어서 좋았고요. 좋아하는 오빠랑은 못 놀아서 아쉽지만 친한 언니랑 많이 놀아서 즐겁고 감사했어요."

"오늘 가족들과 함께 있어서 좋았고요. 피곤했지만 나들이 다녀와서 좋았어요. 그리고 과자 파티해서 좋았어요."

"오늘 아침 집에서 아이스 라테를 챙겨 나간 덕분에 커피 값도 아끼고 시원한 커피를 마실 수 있어서 감사했습니다."

"결이는 빠방 책 빌려서, 그다음에… 그다음에… 빠방 책 빌려서 좋았습니다. 꺅!"

④ 감사 말하기의 효과

내가 직접 경험한 감사 말하기의 효용은 크게 다섯 가지다. 첫째, 아이의 일상을 세세하게 알 수 있다. 아이들은 학교나 기관에서 있었던 일을 잘 말할 때도 있지만 그렇지 않을 때도 많다. 엄마 아빠도 낮에 있었던 일을 잘 말하지 않는다. 하지만 감사할 거리를 찾아서 이야기를 나누다 보면 가족이 서로 오늘 하루를 어떻게 보냈는지 자연스레 알게 된다.

둘째, 가족끼리 서로 칭찬하게 된다. 감사 말하기를 할수록 아이는 크고 거창한 일이 아니어도 감사할 거리가 넘쳐 난다는 걸 자연스럽게 깨달아 간다. 아이들은 친구와 씩씩하게 등교한 것도 감사한 일로 생각하고 저녁밥을 남김없이 다 먹은 것도 뿌듯하고 감사

한 일로 이야기한다. 아이의 이야기를 들으면 작은 것에도 감사할 줄 아는 그 마음에 저절로 아이를 칭찬하게 된다. 자연스레 부모와 아이의 관계가 좋아질 수밖에 없다.

셋째, 자존감이 높아진다. 자존감은 '자신을 존중하고 사랑하는 마음'으로 타인의 영향을 받기도 하지만 자기 자신에게 칭찬하고 작은 일에도 감사하는 시간을 반복할수록 조금씩 더 길러진다. 매일매일 감사한 일을 찾고 또 식구들의 감사 이야기를 듣다 보면 무언가를 꼭 잘하지 않더라도 하루를 무사히 보낸 나 자신이 참 대단하고 가치 있게 느껴진다. 자신에게 닥친 어려움을 잘 극복하고 긍정적으로 해석하는 능력도 쌓인다. 그래서 자존감이 높아질 수밖에 없다.

넷째, 리더십을 자연스레 키울 수 있다. 생각보다 아이들은 삶에서 주도권을 가질 때가 잘 없다. 학원을 정하거나 여가 시간을 활용하는 것도 집안 사정과 부모 의견에 따라 결정된다. 친구들 사이에서도 외골수처럼 내 주장만 펼칠 수는 없다. 하지만 감사 말하기의 사회자를 맡아 직접 진행하다 보면 말하기 능력도 덤으로 키울 수 있다.

다섯째, 대화 기술을 자연스레 익힐 수 있다. 대화할 때는 자기 생각을 조리 있게 또박또박 말하면서도 다른 사람의 이야기를 경청하는 능력이 필요하다. 그리고 발언권이 오기 전까지는 순서를 기다려야 한다. 감사 말하기는 사회자와 발언자가 있기 때문에 타인의 이야기는 잘 듣고 내 이야기는 신중하게 말할 수 있는 기회를 매일 가진다는 장점이 있다.

아이들이 매일매일 좌절감보다 자신감을 가질 수 있게 밤마다 잠자기 전에 감사 말하기를 해보는 건 어떨까? 온종일 마음을 겨우 다잡으며 잘 대해 주다가도 자기 직전 "잠 좀 자! 언제 잘래!"라고 외치면 그날 밤은 마음이 그렇게 찝찝할 수가 없다. 실제로 주변에서 나의 감사 말하기 이야기를 듣고 가정에서 따라 실천해 봤더니 너무 좋았다고 말해 주었다. 이 책을 읽고 있는 많은 부모도 아이들과 함께 시도해 보면 좋겠다.

> 정의로운 사회를 상상해보고, 이를 실현할 수 있는 정의의 원칙과 제도에 대한 다양한 의견들을 민주적인 방식으로 종합할 수 있다.
>
> – '도덕과 교육과정 [중학교] (3) 사회·공동체와의 관계 성취기준'에서 발췌

아이들은 살아가면서 다양한 사람, 집단, 공동체를 만난다. 많은 사람과 의견을 나누면서 매끄러운 소통을 이어 나가고 또 좋은 관계를 유지하려면 가정에서부터 소소한 일상을 나누고 새로운 방식으로 소통해 보면 좋을 것이다. 가정에서 아이에게 일일 사회자 역

할을 줘서 공동체를 아우를 수 있는 포용력을 기르고 진정한 공동체의 리더로 거듭날 수 있게 경험시켜 주자. 이로써 아이는 이전보다 원활하게 소통하면서 민주적인 소통 방식을 자연스레 습득하게 될 것이다.

5장

책임:
자연과 공존하기 위한
첫걸음

주말마다 어딜 데려가야 할지
고민돼요

첫째를 키울 때는 주말마다 특별한 곳을 데려가야 한다고 생각했다. 주중에는 주로 집 주변을 맴돌기 때문에 아이가 지겨울 거라 생각해 주말에는 일상의 범위를 벗어나 새롭고 다양한 자극을 주는 장소를 찾는 것이 부모의 역할이라고 여겼다. 또한 주중에 직장과 육아로 힘들었던 우리 부부가 힐링을 위해 인스타 감성을 누릴 수 있는 곳을 원했다. 이 두 가지 목적을 달성할 만한 나들이 장소를 찾아서 집을 나섰다.

둘째를 낳고서도 주말 외출 패턴은 비슷했다. 우리 부부가 좋아하면서도 아이들이 즐길 거리가 있는 곳을 자주 갔다. 예를 들면 정원을 끼고 있는 대형 카페라든지 모래놀이가 가능한 해변의 대

형 카페 등이다. 한번은 큰마음을 먹고 퍼포먼스 미술 활동을 할
수 있는 카페에 첫째를 데려간 적도 있다.

✹ 적극적으로 놀 줄 모르는 아이들

동료 선생님과 요즘 아이들에 대해 이야기를 나눈 적이 있다. 그
선생님은 이렇게 말했다. "요즘 아이들은 자극적인 놀 거리가 없으
면 대부분 시시해하더라고요. 어딜 가도 무엇을 봐도 시시해하고
결국에는 핸드폰만 봐요. 박물관, 미술관, 도서관은 아이들의 흥미
를 불러일으키기에는 너무 지루한 곳이 되어 버렸어요."

　그 선생님의 말이 맞았다. 아이들은 새로운 장소에 관심을 가지
지 않고 아무리 좋은 곳으로 현장 체험학습을 가도 큰 감흥이 없
다. 자연의 사계절 변화에 둔감할 뿐만 아니라 어디를 가도 핸드폰
을 보거나 친구들과 핸드폰 게임을 한다. 놀이동산이나 익스트림
스포츠를 즐길 수 있는 곳은 그나마 낫지만 그런 흥밋거리가 없는
곳이라면 아이들은 한결같이 시큰둥하며 놀 거리를 적극적으로 만
들지 않는다. 누릴 수 있는 상황에 감사하지도 않고 자극적인 콘텐
츠를 줘야만 겨우 즐기는 자세가 기본값이다. 그 때문인지 선생님
과의 대화가 한동안 머릿속에서 맴돌았다.

익숙하거나 자연을 즐길 수 있는 나들이 장소

이런 생각들은 자연히 두 아이와 어떤 나들이를 해야 좋을지 고민하는 것으로 이어졌다. 나는 아이들이 자연의 변화를 오감으로 느낄 수 있었으면 했다. 또한 어디에 가든 스스로 놀 거리를 찾고 함께 노는 대상과 적극적으로 소통할 수 있는 아이가 되기를 바랐다. 이렇게 주말 나들이에 대한 관점이 바뀌자 자연히 나들이 장소도 바뀔 수밖에 없었다.

그사이 아이는 둘에서 셋으로 늘어났다. 그래서 아이들과 거창하게 주말 나들이를 가는 건 더욱 어려워졌다. 양가 부모님의 조력 없이 아이들을 키웠기 때문에 주말에 특별한 장소로 교외 나들이를 갈 여력이 없었다.

어느 주말에는 몸이 너무 피곤해서 아이들을 데리고 아파트 놀이터를 다녀왔다. 우리 가족에게는 참 낯선 일이었다. 그동안 새롭고 재미있는 놀 거리가 있거나 예쁜 사진을 찍을 수 있는 곳으로 나들이를 다녀왔는데 주말에 고작 동네 놀이터를 가다니. 이제 진짜 아이 셋을 키우는 엄마가 된 것만 같아 내 모습이 낯설기만 했다. 하지만 아이들의 반응은 정반대였다. 놀이터에서 놀고 집에 들어오는 길에 두 딸은 상기된 표정으로 이렇게 말했다. "엄마, 오늘 진짜 재밌었어요. 내일도 놀이터에 가고 싶어요!"

아이들은 평일에 놀이터에서 충분히 논다. 토요일에도 그 지겨운 놀이터를 갔을 뿐인데 이런 반응을 보인다니? 나는 의아할 수밖에 없었다.

① 놀이터: 익숙할수록 아이들은 좋아한다는 반전

어느 날 우연히 읽은 신문 기사에서 이런 내용을 접했다. '아이들은 환경에 영향을 받습니다. 안전한 곳을 선호하고, 엄마 아빠의 품처럼 익숙하고 편안한 곳을 원합니다. 처음 가는 곳은 불안해하고 처음 만나는 사람도 불편해합니다. 익숙하지 않은 것은 불안하고 불편한 법이니까요. 익숙해지려면 자주 만나고 경험해 봐야 합니다.'

그날 아이들의 반응이 인상 깊었던 터라 그 기사를 읽고서 '이거구나. 아이들이 놀이터를 질리도록 가는 이유가 바로 이거였어' 하고 긍정적으로 받아들이게 됐다. 익숙한 곳에서 안정감을 느끼고 놀이를 주도적으로 이끌어 갈 수 있으니 새로운 곳을 가지 않아도 아쉬울 게 없다는 아이들의 마음을 이해할 수 있었다.

그때부터 우리 집의 주말 나들이 패턴은 많이 바뀌었다. 사실 주말마다 새로운 나들이 장소를 찾는 것만으로도 상당한 에너지가 소모되고, 낯선 곳까지 이동해 돈도 많이 쓰게 된다. 또한 세 아이를 키우는 우리 부부는 매주 다채로운 놀 거리를 제공하는 유료 체험 장소를 쉽게 선택할 수가 없었다.

　이후로 어떤 날은 집 근처 하천에서 킥보드, 자전거, 밸런스 바이크를 타고, 또 어떤 날에는 다른 장비 없이 가족끼리 산책하러 나가기도 했다. 그러다 보니 점점 집 근처에 갈 만한 좋은 나들이 장소를 찾게 되는 장점이 생겼다.

② 사계절의 나들이 기록 _____

　그간 놀러 갔던 기록을 되짚어 보니 봄과 가을에는 공원, 수목원, 큰 절에 가서 계절에 따른 자연의 변화를 살펴보았다. 때로는 유부초밥이나 김밥 같은 간단한 식사 거리와 간식을 싸서 소풍처럼 다녀오기도 했고, 산책 삼아 한두 시간만 갔다 온 적도 있다.

　인상 깊었던 나들이 기억 중 하나는 세 아이와 함께 황톳길에서 맨발 걷기를 했던 날이다. 세 아이는 어르신들이 맨발로 걷는 모습을 보자마자 자기들도 따라 하고 싶다고 했다. 우리 부부는 허락했고 아이들은 더없이 행복한 표정을 지으며 숲속 산길을 룰루랄라 맨발로 걸어갔다. 솔방울을 줍더니 폭탄이라며 던지기도 하고 나뭇가지를 주워서 화살이라고 말했다. 솔잎은 주사기라며 나를 찌르는 흉내를 냈는데 그 모습이 너무 해맑아서 그저 미소로 답할 수밖에 없었다.

　여름에는 계곡과 바다로 갔다. 계곡에서는 자연을 벗 삼아 물놀이를 할 수 있고, 바다는 모래놀이를 할 수 있는 장소라는 점에서 아주 매력적이다. 계절의 변화를 즉각 느낄 수 있으며 돈 한 푼 들지 않는 자연을 우리 가족의 1순위 나들이 장소로 삼은 것이다.

나는 고향인 부산에서 30년 넘게 살았다. 하지만 우리 동네에 연꽃소류지가 있다는 사실은 1년 전에야 알게 됐다. 아이들과 함께 집에서 연(蓮)에 대한 정보가 담긴 자연 관찰 책 한 권을 가볍게 읽고 나서 나들이를 떠났다. 그날 연꽃소류지에 갔을 때가 아직도 생생하게 기억난다. 연꽃을 폴짝폴짝 뛰어다니는 개구리를 보며 신기해하고 커다란 연잎에서 물방울이 또르르 떨어지는 걸 보며 까르르 웃던 아이들의 천진난만함을 잊을 수가 없다. 이어서 책에서 본 수중 식물을 함께 찾기도 하고 산책길에 있던 웅덩이에서 첨벙첨벙 물놀이를 하기도 했다.

겨울에는 바깥을 돌아다니기엔 너무 춥지만 집에만 있으면 너무 답답할 수 있으니 주말 외출은 불가피하다. 이때도 특별한 곳이 아니라 수원지나 자차로 30분 내 거리에 있는 공원에 가서 짧게라도 산책을 하고 돌아왔다. 또는 해양박물관, 과학관, 119안전체험관, 도서관 등 실내 기관을 찾곤 했다.

③ 자연을 만끽할 수 있는 장소를 갈 때 꿀팁

자연으로 나들이를 갈 때는 킥보드, 비눗방울, 바람개비 등을 챙기지 말고 간단한 먹거리만 챙겨서 떠나 보길 권한다. 아이들이 자연을 벗 삼아 얼마나 잘 노는지 볼 수 있을 것이다. 부모가 제공하는 많은 놀 거리가 오히려 아이들이 자유롭고 창의적으로 노는 것을 방해할 때도 있다. 아이가 오로지 오감을 활용해 자연을 온전히 느낄 기회를 마련해 주길 바란다.

> 인간이 자연과 함께 살아야 하는 이유를 이해하고 공생을 위한 구체적인 실천 계획을 세우며 생태 감수성을 기른다.
>
> – '도덕과 교육과정 [초등학교] (4) 자연과의 관계 성취기준'에서 발췌

많은 아이가 놀 거리가 없다고 포기하지 않고 낙엽, 모래, 돌을 벗 삼아 놀이를 만들어 낼 것이다. 큰 노력을 기울이지 않아도 부모의 작은 의지만 있다면 얼마든지 자연에서 신나게 즐길 수 있다. 그리고 자연에서 자연스럽게 놀아 본 아이들은 주어진 놀잇감에 익숙한 아이와 달리 자연의 소중함을 더 크게 느끼고 감수성이 발달해 자연과 공존하는 방법을 적극적으로 고민하기 시작할 것이다.

부모와 아이가 함께 참여할 만한 주말 프로그램

1. 지자체 육아 프로그램 활용

나는 구청 홈페이지의 공지사항을 자주 들여다본다. 그리고 동네에서 큰 플래카드가 많이 걸린 곳을 유심히 본다. 이 두 곳에 주민의 여가 활동을 위한 다양한 제도를 홍보하기 때문이다. 실제로 우리 집은 아빠 육아를 돕는 프로그램에 2년간 참여하여 주말에 마술쇼를 보거나 지역 내 자연경관을 견학했다. 또한 주민을 대상으로 한 에코 오리엔티어링에 참여하기도 했다. 생각보다 저렴한 비용으로 자연과 함께하는 유익한 육아 프로그램이 많으니 거주하고 있는 지역의 홈페이지를 유심히 살펴보자.

2. 도서관

도서관에서도 육아를 돕는 주말 프로그램을 많이 운영한다. 분기가 시작되기 한 달 전인 2, 5, 8, 11월에 도서관 홈페이지에 접속해서 주말 프로그램 안내 사항을 살펴보자.

3. 100인의 아빠단

매년 봄이 되면 보건복지부 주최로 전국에서 100인의 아빠단을 모집한다. 아빠가 자녀들과 함께 육아하는 문화를 조성하기 위한 프로그램이다. 미션을 수행하면서 아빠가 육아에 동참할 기회도 자연스럽게 만들 수 있으니 4월이 되면 주의 깊게 살펴보길 바란다.

4. 지자체 숲 체험

집 근처에 수목원이나 자연공원이 있다면 숲 체험도 저렴한 비용이나 무료로 즐길 수 있다. 각 지자체에서 운영하는 체험신청 사이트에 접속하여 숲 체험 프로그램이 개설되어 있는지 살펴보자. 숲에서 그냥 지나치고 마는 나무와 야생화, 야생풀 정보를 세세하게 배울 수 있어서 매우 추천한다.

02

반려동물을 키우고 싶다는데
어떡하죠?

요즘은 생명을 쉽게 대하는 아이가 꽤 많은 것 같다. 아무런 잘못이 없는 벌레를 이유 없이 죽인다거나 나뭇잎과 꽃 등을 아무렇지 않게 뜯어서 버리는 등 생명 존중의 중요성을 알지 못한 채 함부로 행동하는 것이다. 심지어는 동물 학대라고 할 만큼 심각한 행동을 죄책감 없이 또는 몰랐다고 말하며 쉽게 행하는 아이들도 뉴스를 통해 심심치 않게 볼 수 있다. 이런 행동은 교정이 꼭 필요하다고 본다.

생명 존중에 대한 마음을 잃은 아이들은 동물이나 사람을 함부로 대할 가능성이 높으므로 부모는 어릴 때부터 아이가 생명을 존중하는 태도를 가질 수 있게 노력해야 한다.

생명의 소중함을 일깨우는 일상의 방법들

① 동물원에 대해 다시 생각해 보기 _____

첫째가 어릴 때 나는 다양한 동물들을 책으로만 알려 주다가 직접 보여 주고 싶은 마음이 커졌다. 사는 지역에 큰 동물원이 하나 있어서 아이와 함께 소풍을 가듯 신나는 마음으로 찾아갔다. 하지만 코끼리는 코로 흙을 내뿜는 행동을 수십 번 반복하고 원숭이는 유리창을 쿵쿵 치며 화를 내고 있었다. 호랑이는 무기력한 모습으로 제자리를 빙글빙글 계속 맴돌았다. 다른 동물들도 다소 평범하지 않은 행동을 반복했다.

이상했다. 내가 기억하는 동물들이 진짜 이런 모습이었나? 기억을 되짚어 봐도 잘 떠오르지 않았다. 집에 돌아와 동물의 이상행동을 검색해 보니 생활공간이 너무 좁아 답답할 때 스트레스를 받은 동물들이 하는 '정형 행동'이라고 했다. 야생보다 움직임이 제한된 동물원에서 체력이 약해지고 우울에 빠지는 것이다. 너무나 안타까웠다. 자식을 키우는 입장에서 그 동물들을 보니 생명들이 고통받는 모습이 잊히지 않았다.

그 후로 아이들이 동물 그림책을 보거나 기관에서 동물에 대해 배워 와서 "동물원에 가보고 싶어요"라고 말하면 어떻게 설명해야 할지 몰라 난감했다. 그저 동물들이 불쌍하니 가서는 안 된다고 말하기엔 막연하게 어려움을 느꼈다. 그래서 둘째를 낳고는 한두 번 더 동물원에 가기도 했다. 하지만 그때는 동물들의 이상행동에 대해서도 솔직하게 알려 주었다. "동물들이 원래 살던 공간에 비해 지금 집이 너무 좁아서 기분이 많이 안 좋대. 그래서 화가 나서 코끼리가 흙을 우리한테 내뿜는 거야. 사자는 넓은 초원을 자유롭게 돌아다녀야 하는데 동물원의 우리가 너무 좁아서 속상하대. 그래서 자꾸 같은 자리를 맴돌면서 아픈 마음을 표현하는 거래."

이렇게 아이들이 모르고 지나칠 법한 동물들의 정형 행동을 눈높이에 맞추어 설명하고 동물원의 순기능도 알려 주었다. "이 독수리는 날개를 심하게 다쳐서 더는 하늘을 날아다닐 수가 없대. 그런데 독수리는 날지 못하면 먹이를 잡아먹으면서 살기가 힘드니까 동물원에서 이 독수리를 먹이도 주고 보호하면서 키우는 거야. 사육사님들 참 대단하다 그치?" 이렇게 야생에서 더는 살 수 없는 동물들을 보호해 주는 경우는 아이들에게 그대로 설명했다.

한편 동물원 안내문에는 동물의 서식지, 행동 양식, 먹이 등이 잘 적혀 있다. 안내문을 재빠르게 읽다 보면 동물마다 이야깃거리를 찾을 수 있으니 이를 유심히 보고 아이들 눈높이에 맞춰 읽어 주는 것도 좋다.

2023년 여름휴가 때 우리 가족은 건강 나누리 캠프에 참가했다. 건강 나누리 캠프는 알레르기 질환을 앓고 있는 어린이들을 국립 공원의 맑은 자연환경으로 초대하는 프로그램이다. 자연과 함께하는 야외 놀이 프로그램, 전문 의료진과 연계한 특화 프로그램을 통해 알레르기 질환(아토피피부염, 알레르기비염, 천식 등)에 대한 올바른 이해의 장을 제공하며 어린이의 환경성 질환 개선에 도움을 주려는 목적이다.

첫째가 알레르기성 비염을 앓고 있었기에 진단서를 내서 선착순 참가 신청을 했고 다행히 참가자로 선발되어 지리산 생태탐방원에서 1박 2일을 보낼 수 있게 되었다. 건강을 회복하기 위한 캠프여서 의미가 있었지만 사실은 멸종위기종에 속하는 반달가슴곰을 볼 수 있어서 더 좋았다. 안타깝게도 3시간 반을 달려 캠프에 참가했지만 당시 산사태가 심해서 서식장 복원에 시간이 걸리는 바람에 반달가슴곰을 볼 수는 없었다.

아이들은 무척 아쉬워했지만 그 와중에도 동물을 배려하는 생태탐방원의 태도가 참 사려 깊어 오히려 감동했다. 그래서 아이들에게 이렇게 설명했다. "반달가슴곰을 못 봐서 아쉽지? 하지만 지금 우리가 보고 싶다는 이유로 무리해서 만나면 반달가슴곰이 위험에 처할 수 있어. 반달가슴곰이 잠자고 밥 먹는 곳이 안전하게 고쳐지도록 기다리자. 반달가슴곰은 내년에 와서 또 보면 되지."

동물을 위하는 경험을 할 수 있던 귀중한 휴가였다. 전국에는 이렇듯 멸종위기종을 보호하는 생태탐방원이 총 세 군데 있다.

· 반달가슴곰 복원 사업: 지리산 국립공원연구원 남부보전센터

(지리산 생태탐방원, 지리산 반달가슴곰 생태학습장)

· 산양 복원 사업: 설악산 국립공원연구원 북부보전센터

· 여우 복원 사업: 소백산 국립공원연구원 북부보전센터

③ 일상에서 생명 존중 의식 가르치기 _____

첫째와 둘째는 커갈수록 반려견을 키우고 싶다고 종종 이야기했다. 우리 부부는 동물을 키우는 것에 대해 아이들과 많은 이야기를 나누었다. 반려견을 키우면 매일 개를 데리고 산책해야 하고 여행을 떠날 때도 제약이 있다는 점, 그리고 동물을 키우는 데 필요한 환경은 무엇인지 아이의 눈높이에 맞추어 설명해 주었다.

그러다 우연한 기회에 금붕어 네 마리를 키우게 되었다. 작은 물고기를 키우는 데도 적절한 여건을 마련하기 위해 많은 준비물이 필요했다. 아이들은 그 과정을 곁에서 고스란히 지켜보며 생명을 키우려면 많은 공부와 책임 의식이 필요하다는 것을 자연스럽게

깨달아 갔다. 그래서 아이가 갑자기 동물을 키우고 싶어 한다면 작은 생명체부터 키워 보는 걸 조심스럽게 추천한다. 아이에게 역할을 줘서 동물을 위한 환경을 마련하고 생명의 소중함과 책임감을 키울 수 있도록 가르치는 것이다.

1인 1 식물 키우기에 도전해 보는 것도 좋다. 도시에서 여유를 찾기 힘든 아이들에게 식물을 책임지고 길러 보는 경험은 정서에 큰 도움이 된다. 아이들은 식물에 직접 물과 영양제를 주고 햇빛을 신경 쓰며 비, 바람, 해충으로부터 식물을 보호하는 과정을 통해 생명의 소중함과 책임 의식을 기를 수 있다. 그리고 말할 수 없는 식물이라도 이름을 지어서 불러 주며 식물의 한살이를 가까이에서 지켜보는 경험은 아이에게 큰 안정감을 줄 것이다.

> 인간 이외의 생명체를 도덕적으로 고려해야 하는 이유를 정당화하고, 생명을 가진 존재들이 겪는 고통에 공감하며 생명을 소중히 여기는 태도를 기른다.
>
> - '도덕과 교육과정 [중학교] (4) 자연과의 관계 성취기준'에서 발췌

작은 생명을 소중히 여기는 태도는 결국 나와 타인을 귀하게 여기는 자세로 발전할 수 있다. 이런 중요성을 깨달아서 부모와 자녀가 생명의 소중함에 대해 자연스럽게 이야기 나눌 수 있기를 바란다.

03

자연으로 여행을 떠나도

괜찮을까요?

요즘은 물가가 워낙 많이 올라서 아이들을 데리고 여행 가는 것도 쉽지 않다. 우리 집만 해도 애가 셋이나 되고 휴직을 오래 했던 터라 쉽게 어디로 떠나기가 어려웠다. 뭐 하나라도 맛난 걸 사 먹고 나면 몇만 원이 훅훅 사라져서 해외여행은 꿈도 꾸지 못했다.

하지만 아이들은 가만히 있질 못한다. 주말마다 캠핑이든 여행이든 가고 싶다고 성화다. 특히 월요일에 친구들의 여행 이야기를 듣고 오면 그렇게 여행 타령을 했다. 그러면 나는 마지못해 이곳저곳 알아보고 여행 예산을 짜다 한숨을 쉬곤 했다.

그런 고민을 안고 있을 무렵 중학교 1학년 도덕 시간에 아이들에게 지구온난화와 관련된 수행평가를 제시했다. 점점 더 심각해

지는 지구온난화 실태를 구체적으로 파악하고 일상에서 실천할 수 있는 노력 몇 가지를 제안해 보는 내용이었다. 수업 시간에 자주 언급하고 구체적인 자료로 심화 수업까지 했건만 아이들은 지구온난화의 심각성을 깨닫지 못했다. 그때 환경문제가 아이들에게는 영 와닿지 않는다는 점을 깨달았다. 그래서 우리 아이들은 어릴 때부터 사계절의 변화를 온몸으로 느끼고 다양한 동식물을 만나는 경험을 통해 자연의 소중함을 깨달으며 자랄 수 있길 바랐다.

(자녀 코칭 포인트) 자연으로 떠난 여행이 안겨 준 뜻밖의 선물

나는 이후 여행 콘셉트를 바꾸기 시작했다. 그전까지 소비지향적이고 남에게 과시하기 위한 여행을 추구했다면 이제는 자연 친화적인 여행으로 노선을 갈아탄 것이다. 그래서 단조롭더라도 여유를 즐기며 자연을 가까이에서 볼 수 있는 여행지를 찾아갔다.

그렇게 찾아낸 대안은 자연휴양림이다. 요즘은 자연휴양림이라고 해서 산에 덩그러니 오래된 숙소 하나만 있지 않다. 우리 가족이 처음 갔던 경남 진주의 월아산 자연휴양림은 웬만한 리조트를 능가하는 부대시설과 전경을 갖추었으며 볼거리와 즐길 거리가 넘쳐 났다. 그에 비해 숙박료는 매우 저렴해서 웹사이트의 예약 화면이 멈출 정도로 아이를 키우는 부모 사이에서 인기가 많다.

1박 2일로 월아산 자연휴양림을 찾은 우리 가족은 첫날엔 저녁 늦게 도착한지라 깔끔한 숙박시설에서 잠자는 것으로 만족했다. 하지만 둘째 날 새벽에 지저귀는 새소리에 눈을 뜨고 베란다 너머로 보이는 울창한 숲에 홀딱 반해 버렸다. 자연을 누리며 깔깔깔 함께 웃던 세 아이를 바라보고 있자니 내 마음이 몽글몽글해졌다.

이어서 숙소 퇴실 절차를 밟고 숲속 어린이 도서관을 찾았다. 유아 친화적인 도서관에서 아이들은 그림책을 읽고 야외 자연물을 관찰하는 독서 연계 활동에 참여했다. 아까시나무꽃, 개망초를 비롯한 들꽃과 풀들의 이름을 하나하나 익히며 가까이에서 관찰했다.

이후 두 딸은 네트 어드벤처를 즐기며 사인 속에서 자유롭게 뛰어놀았고, 연령 제한으로 셋째는 그 대신 우드랜드 안에 있는 상상 놀이터에서 시간을 보냈다. 원목 미끄럼틀부터 원목 공, 원목 주방놀이 등 원목 장난감으로만 채운 놀이실이었다.

도시에서 주로 실내 생활을 해온 우리 가족에게 월아산 자연휴양림은 자연을 자유롭게 누릴 수 있는 편안한 놀이터가 되어 주었다. 아이들의 하루는 분주하게 흘러가고 주변 자연물에 눈길을 줄 시간이 쉽게 주어지지 않는다. 직접 제 발로 찾아가지 않으면 드넓은 숲을 볼 기회도 적다. 트램펄린은 흔하지만 탁 트인 하늘과 날

아다니는 새, 푸른 숲을 바라보며 타는 트램펄린은 흔하지 않다. 또 들풀은 흔하지만 그 풀들의 이름과 특징을 배울 기회는 쉽게 찾아오지 않는다. 원목 가구는 집에서 사용할 수 있지만 다양한 원목 놀잇감을 가지고 놀기는 어렵다.

> 지속가능한 삶의 의미를 탐구하고 미래 세대에 대한 책임을 강화하여 자연의 다양성을 존중하고 생산성을 유지할 수 있는 미래를 위한 실천 방안을 찾는다.
>
> – '도덕과 교육과정 [초등학교] (4) 자연과의 관계 성취기준'에서 발췌

자연 속에서 트램펄린을 탄 아이들은 실내에서 회색 벽을 바라보며 탄 아이들과는 다른 생태 감수성을 가지지 않을까 생각한다. 우리 아이들이 자연 친화적으로 잘 자라기 위해서는 자연에 더욱 가까이 다가가려는 노력이 필요하다. 아이들 마음속에 자연이 소중하다는 인식이 자리 잡으면 미래 사회에 잘 적응하고 앞서 나가는 인재로 성장해 나갈 것이다. 자연의 소중함을 일찍부터 알고, 자연을 지키기 위해 어떤 노력을 해야 할지 고민해 볼 줄 아는 아이로 기를 수 있기를 바란다.

☆

여행지에서 자연 위주로 시간을 보내 보자

전국에는 멋진 자연을 끼고 있는 숙소와 공원이 정말 많다. 여행을 떠나기 전에 이러한 숙소와 다양한 시설을 갖추고 있는 공원을 한번 검색해 보자.

1. 자연휴양림(숲나들e: www.foresttrip.go.kr)

전국의 국립·공립·사립 자연휴양림을 한곳에서 살펴보고 예약까지 할 수 있는 사이트다. 사는 지역에 따라서 우선 예약이 가능한 경우도 있고 다자녀 할인을 받을 수도 있으니 꼼꼼히 살펴보자.

2. 숲체원(숲e랑: www.sooperang.or.kr)

숲체원은 숲을 체험할 수 있도록 마련된 시설이다. 자연휴양림에 비해 수가 많진 않지만 한 번쯤 가볼 만하다. 숙박비용이 저렴하다는 점이 큰 장점이다.

3. 공원

포털사이트에서 '사는 곳 또는 여행지+공원'으로 검색해 보자.
① 거제 숲 소리 공원: 양떼목장과 큰 야외 놀이터가 마련되어 있다.
② 울진 자드락 숲: 봄과 가을에 자연을 병풍 삼아 시원한 바람을 즐기며 누워 있을 수 있는 공간이 많다.
③ 고성 수남 유수지 생태공원: 대형 에어점핑돔, 집라인, 지네 시소, 다인그네, 정글짐을 무료로 이용할 수 있다.

04

마트만 가면
장난감을 사달라고 졸라요

❋ **장난감을 쉽게 사주었을 때의 부작용**

첫째를 임신했을 때는 태어나기 전부터 아이에게 필요한 것들을 다람쥐가 도토리를 주워 모으듯 정성스레 준비했다. 첫째가 태어나고 나서도 연령에 따라 유명하거나 좋다는 것들을 아이를 사랑하는 마음으로 무조건 사주었다. 여느 부모든 아이에게 좋다는 건 다 해주고 싶을 것이다.

하지만 이렇게 지내자 점점 문제가 드러나기 시작했다. 집에서 자리를 차지하는 장난감이 너무 많이 늘어난 것이다. 그리고 아이는 새로운 장난감을 가지고 놀다가도 하루 이틀이 지나면 흥미를 보이지 않았다.

둘째가 태어난 후로는 장난감을 포함해 육아용품이 너무 많아지니 모두 짐으로 느껴지기 시작했다. 장난감을 살 때도 돈과 시간이 드는데, 쓸모가 없어진 장난감을 처분하고 집을 깨끗하게 유지하는 데도 많은 시간과 에너지가 들었다. 무엇보다 아이가 장난감을 고루 가지고 놀지 않는다는 게 가장 아쉬웠다. 어느 날 아이가 낮잠을 자는 틈을 타 장난감 하나를 중고로 팔았지만, 아이는 그로부터 1년이 넘을 때까지 그 장난감이 사라진 것조차 알지 못했다. 그때 판매한 육아용품이 내게는 가장 진한 기억으로 남아 있다.

이러한 소비 패턴의 부작용은 대형 마트에서 가장 먼저 나타났다. 아이는 장난감 코너를 지나가기만 하면 다짜고짜 장난감을 사달라고 졸랐다. 워낙 장난감을 쉽게 제공해 주니 감사한 줄 모르고 장난감 사는 걸 당연한 권리처럼 생각한 것이다. 무언가 잘못되었다는 걸 깨달았다.

자녀 코칭 포인트 **1년 중 아이들에게 가장 중요한 3일**

플라스틱 장난감이 재활용되는 비율은 0%에 가깝다고 한다. 오히려 땅에 묻히거나 소각되는 비율이 100%에 가깝다. 1년 동안 버려지는 장난감이 약 240만 톤이고, 버려진 플라스틱 장난감이 분해되는 데 500년 넘게 걸린다는 사실을 알고 있는가? 이렇게 매립된 플라스틱은 미처 분해되기도 전에 미세 플라스틱으로 동식물은 물론이고 인간까지 위협한다. 따라서 아이들에게 무분별하게 사주는 장난감에 대해 다시 한번 생각해 볼 필요가 있다.

① 장난감 사주는 날을 정하자 _____

일단 우리 집만 해도 아이가 하나에서 셋으로 늘어나는 동안 버려지는 장난감이 너무 많았고, 장난감을 사고 유지하고 버리는 데 불필요한 자원이 낭비되는 느낌을 지울 수 없었다. 지구를 지키기 위해서라도 장난감을 무한정 제공하던 집안 분위기를 바꿔야겠다고 다짐하며 장난감 구매 원칙을 정했다.

그렇다면 언제 장난감을 마련해 주는 게 좋을까? 우리 부부는 1년에 딱 3일만 제대로 된 장난감을 사주기로 했다. 바로 어린이날, 아이들 생일, (산타할아버지가 선물을 주는) 크리스마스다. 이 3일만큼은 아이들이 원하는 장난감을 기꺼이 선물해 주었는데, 다만 아이가 셋이다 보니 금액대를 정했다. 매번 다른 금액대의 장난감을 사주면 아이는 자기가 원하는 건 뭐든 얻을 수 있다는 식으로 여길 수도 있다. 그래서 3만 원 내외로 한도를 정하고 아이들에게 찬찬히 알려 주었다.

이렇게 하나둘 기준을 세워 가다 보니 장난감 구입처에 대한 원칙도 정할 수 있었다. 우리 집은 되도록 온라인으로 구매하지 않았다. 어른들이야 쇼핑 노하우가 많으니 온라인으로 구매해도 오프라인 구매 못지않게 만족할 수 있지만, 아이들은 오프라인 매장에서 직접 보고 구매하는 걸 꽤 좋아했다. 그리고 두 눈으로 직접 보고 만져 가며 살핀 장난감은 아이가 후회하지 않고 만족도도 높았다. 오프라인으로 장난감을 사러 가면 아이들은 당일에 갑자기 결정하지 않는다. 무엇을 살지 미리 고민하고 어디에 가면 그 장난감을 살 수 있는지 알아본 다음 집을 나선다. 즉 자신의 소비에 대해 충분히 고민하게 되는 것이다.

② 특별한 날에만 장난감을 사줄 때 얻게 되는 의외의 효과 _____

장난감을 살 수 있는 기회를 1년에 세 번만 주면 아이는 어떤 것을 사야 기분이 가장 좋아지고 만족할지 아이치고는 꽤 진지하게 고민하기 시작한다. 길게는 두세 달 전부터 기념일을 기다리며 신중하게 생각하기도 했다. 이로써 나는 '결핍 속에서 높은 만족감이 생기고 아이의 판단력이 길러진다는 것'을 깨달았다.

이제는 아이가 장난감을 무분별하게 사달라고 하면 이렇게 이야기한다. "그게 꼭 필요해? 그리고 꼭 필요하다고 해도 장난감은 아무 날에나 사줄 수가 없어. 엄마랑 생일, 어린이날(또는 크리스마

스)에만 사기로 약속했잖아. 안 그럼 지구가 너무 아파서 힘들어
해. 알겠지?"

> 지구의 환경 위기 상황을 이해하고, 이를 극복하기 위한 다양한
> 방안을 찾아 자신의 일상에서 실천하고자 노력한다.
>
> – '도덕과 교육과정 [초등학교] (4) 자연과의 관계 성취기준'에서 발췌

우리 아이가 살아갈 미래는 지금보다 환경오염이 더욱 큰 문제
가 될 것이다. 어릴 때부터 환경 위기의 심각성을 알려 주고 이에
대해 고민하면서 자란 아이는 분명 다른 아이들과 구별된다. 지구
를 생각하는 기본을 갖춘 아이들은 자신의 작은 행동이 지구에 미
칠 영향을 고민하면서 생태계를 생각하는, 사고의 범위가 확장된
사람으로 자라날 것이다.

장난감을 버릴 때 꼭 알아야 할 정보

· 레고 등 플라스틱만으로 제조된 장난감은 플라스틱으로 분리배출
  할 수 있다.
· 건전지가 들어가거나 플라스틱 외의 재질로 구성된 장난감은 플라
  스틱, 철 등 재질별로 분리배출하고 분해가 안 되는 재질이라면 반
  드시 일반쓰레기(종량제봉투)로 버려야 한다.
· 나무 장난감은 일반쓰레기이므로 종량제봉투에 넣어서 버린다.
· 유아용 자동차, 미끄럼틀 같은 대형 놀이기구는 가구처럼 대형 폐
  기물로 신고한 뒤 야외에 배출해야 한다.

고장 난 장난감을 고치거나 기부할 수 있는 곳 ☆

장난감이 고장 났다고 해서 그냥 버리지 말자. 장난감을 고쳐 주는 '장난감 병원'이나 고장 난 장난감을 기부할 수 있는 곳은 다음과 같다.

1. 키니스 장난감 병원(cafe.naver.com/toyclinic)

정년퇴임을 한 전문가들이 모여 봉사활동 겸 재능 기부를 하는 곳으로 아이들에게 인기 있는 장난감을 무료로 고쳐 준다(왕복 택배비는 본인 부담).

2. 코끼리 공장(www.kogongjang.com)

고장 난 장난감 수리는 물론이고 못 쓰게 된 장난감을 기부할 수 있다.

그밖에 '지역명+장난감 병원'으로 검색하면 장난감을 무상 수리해 주는 가까운 장소를 찾을 수 있다.

05

아이 물건 중에
───────────
버릴 게 너무 많아요

교실에서는 분리수거를 살뜰하게 잘하는 아이가 있는가 하면, 분리수거할 마음이 아예 없는 아이도 있다. 청소도 마찬가지다. 집에서 청소해 본 아이들은 확실히 티가 난다.

자연을 생각하는 마음은 일상에서 얼마든지 표현할 수 있다. 작은 행동 하나가 당장은 큰 변화를 불러오지 못할 수 있다. 하지만 그 작은 행동이 나와 가족은 물론 더 넓게는 이웃, 사회, 국가, 세계를 바꿀 수 있다는 믿음만 있으면 일상에서도 행동으로 실천하려는 동기가 생겨난다.

아이를 키우면서 집에서 나오는 쓰레기가 너무 많아 스트레스를 받았던 적이 한두 번이 아니다. 집안일과 요리를 하면서 아직 누군가의 도움이 필요한 아이들을 챙기다 보니 아무리 시간을 쪼

개 가며 노력해도 쓰레기가 날이 갈수록 넘쳐 났다. 몸 좀 편해지자고 배달 음식 한 번 시키면 먹을 때야 편하지, 치우는 것도 일거리였고 넘쳐 나는 일회용품 쓰레기에 기겁했다. 급기야 아이가 해맑은 얼굴로 유치원에서 미술 작품을 만들어왔노라고 자랑하면 속으로 '아… 또 예쁘지만 얼른 치우고 싶은 작품을 가져왔구나' 하는 생각이 절로 들었다. 정말 웃을 수도 울 수도 없는 현실이다.

하지만 이제 달리 생각해 보자. 쓰레기가 생기면 치울 거리가 많아서 가족 중에 특히 부모가 힘들다. 그리고 쓰레기 처리 비용도 많이 든다. 돈뿐만 아니라 시간과 에너지가 낭비되는 경우도 많다. 하지만 쓰레기 정리에 들이는 시간, 비용, 에너지를 줄이면서 아이들에게 제대로 된 환경교육까지 할 수 있다면 얼마나 좋을까? 또한 책임이라는 가치를 아이들에게 형식적으로 또는 교과서로만 알려 줄 것이 아니라 일상에서 자연을 사랑하는 멋진 어른의 모습으로 자연스럽게 가르친다면 얼마나 좋을까?

자녀 코칭 포인트 아이에게 꼭 가르쳐야 할 제로웨이스트

제로웨이스트zero waste는 모든 제품과 포장 등을 재사용하도록 장려하고 폐기물도 방지하는 것이 목표다. 즉 책임 있는 생산, 소비,

재사용, 회수를 통해 모든 자원을 토지, 해양, 공기로 배출하지 않아 환경오염을 막고 보존 및 재활용하는 것을 말한다.

자연과의 공존이 더욱 중요해진 오늘날, 아이들에게 제로웨이스트라는 어려운 말을 가르치지는 않더라도 일상에서 제로웨이스트를 실천하는 모습을 보여 주면 아이는 남다른 환경 의식을 일찍부터 기르게 된다. 내가 평상시에 세 아이를 기르며 쓰레기를 줄이기 위해 했던 노력 중에 누구나 쉽게 실천할 수 있는 것들을 세 가지 공간으로 분류해 소개하겠다.

① 제로웨이스트 샵에 방문해 제로웨이스트 물품 사보기 _____

포털 사이트에 '지역명+제로웨이스트샵'을 검색하면 그 지역 내에서 운영하는 친환경 소품 가게들을 찾을 수 있다. 아이들을 데리고 한번 다녀오길 바란다. 4~5세 아이들은 데리고 가기에 다소 힘들겠지만 6~7세 아이라면 견학을 가듯 호기심을 보일 것이다. 다만 가기 전에 그곳을 가는 이유, 적당한 쇼핑 범위, 사야 할 물건 등을 알려 줘야 한다. 가까운 곳에 있는 슈퍼나 마트에 가지 않고 먼 곳까지 가는 이유를 아이들이 알아야만 의미 있는 외출이 될 것이다. 의미를 설명하지 않고 떠난다면 아이들은 그저 쇼핑 가는 것으로 오해할 수밖에 없다.

제로웨이스트샵에서 아이들이 쓸 만한 물건은 고체 치약, 대나무 칫솔, 손 비누, 설거지바(설거지 비누), 튜브형 로션 등이다. 아이들에게 한번 물어보고 사용해 보고 싶은 마음이 있다면 함께 골라 보면 좋다. 무엇보다 여기서 파는 제품들은 쓰레기를 최소화해 환경오염을 최대한 일으키지 않는 물건이라서 지구를 사랑하는 또 다른 의미 있는 방법임을 강조하자.

"슬아, 별아, 결아. 우리가 이 비누를 쓰면 물이 덜 더러워진대. 그래서 물을 다시 깨끗하게 만드는 데 에너지가 적게 들고 지구를 건강하게 지킬 수 있어.""플라스틱 통에 든 손 세정제를 쓰면 거품이 잘 나오니 편하고 좋지? 하지만 그 통은 썩지 않아서 땅에 묻으면 100년 넘도록 그대로 있대. 지구가 아프지 않게 당분간은 손 비누를 한번 써보면 어떨까?" 이런 식으로 설명해 주면 아이들도 흥미를 보이며 환경보호에 동참할 것이다. 이렇게 자연에 대한 책임 의식을 어릴 때부터 손쉽게 길러 줄 수 있다.

한편 내가 가는 제로웨이스트숍에서는 비건 빵을 판다. 요즘 아이들은 기관에서 채식에 대해 많이 배우고 한 달에 한 번 '채식 데이'라고 해서 고기가 없는 메뉴들로 식사를 한다. 가정에서도 채식주의에 대해 한번 설명하고 비건 빵을 사 먹는다면 새로운 경험이 될 것이다.

또한 이런 매장에는 종이봉투, 건전지, 우유갑을 가지고 가면 소정의 상품을 주는 행사를 종종 진행한다. 따라서 방문 전에 전화나

홈페이지 방문을 통해 미리 알아보고 준비해 가면 좋다. 일회용기를 제공하지 않는 경우도 있으니 세제를 살 때는 다회용기를 챙기고 장바구니를 챙겨 가는 것도 잊지 말자.

② 쓰레기를 줄이는 방법

앞서 말했지만 나는 세 아이를 기르며 쓰레기를 신경 써서 줄이기가 쉽지 않았다. 그럼에도 포기하지 않고 실천했던 방법이 있는데, 누군가에게 도움이 되리라 믿으며 정보를 나눠 보려 한다.

아이를 키우는 집에서는 아무래도 약병과 빨대 쓰레기가 많이 나오는데, 이를 시중에 판매하는 실리콘 약병과 실리콘 빨대로 대체할 수 있다. 실리콘 소재는 열에 강하고 식기세척기로 세척할 수도 있어 일회용 약병과 빨대를 대체하기에 딱 좋다. 그리고 빨대를 아이들 손이 닿는 서랍이나 수납장에 배치하면 컵에 담긴 주스를 먹을 때 알아서 챙겨오기도 한다.

한편 우리 집은 주방이 좁은 편이라 분리수거를 하기가 참 번거로웠다. 어느 날 나는 분리수거를 앞두고 '이 많은 종이, 비닐, 플라스틱을 과연 나와 남편 둘이서만 정리하는 게 맞을까?' 하는 의문이 들었다. 분명 쓰레기는 온 식구가 함께 만들어 낸다. 그런데 정리는 어른 위주로 하는 게 아쉽다는 생각이 들어 주방의 한쪽 넓은 공간에 분리수거함을 옮겨 두었다. 그리고 세 아이를 불러서 이렇게 설명했다. "노란 강아지 그림이 있는 함은 종이 쓰레기를 넣는 곳이야. 회색은 비닐, 그리고 파란색 강아지 그림이 있는 함은 플라스틱이야. 이렇게 구분해서 버려야 지구를 지킬 수 있대. 엄마랑 아빠랑 목요일마다 쓰레기 버리는 거 알지? 엄마랑 아빠만 정리하니까 너무 힘들어. 너희가 같이 해줬으면 좋겠어."

그러자 아이들은 "엄마 이거는 어느 색깔에다가 버려요?" 하고 물었고 나는 "색종이니까 노란색!"이라고 알려 준 다음 제대로 버리면 "와 진짜 잘했어! 최고!" 하고 칭찬해 주었다. 이제는 막둥이도 분리수거에 동참한다. 부모가 기회를 주지 않아서 분리수거를 할 줄 모르는 아이도 많다. 아이에게 간단한 분리수거는 함께할 수 있게 가르치자.

아이가 어릴 때 쓰던 가제 손수건도 재활용하기에 참 좋은 물건이다. 아이를 하나둘 키우고 나면 가제 수건 20~40장이 남는다. 우리 집은 이 손수건을 아이들 생식기를 닦는 용도로 활용하곤 했다. 내키지 않는다면 아이들이 외출하고 돌아와서 손을 씻을 때 닦는 용도나 주방에서 행주로 재활용하면 좋다. 흡습성이 좋기 때문에 주방이나 화장실에서 적절한 용도로 쓸 수 있도록 자리만 잡고 아이에게 한마디만 해주면 된다. "○○이가 아기 때 침 흘리면 닦으려고 썼던 건데 이제는 잘 안 흘리니까 우리 손 닦을 때 쓰자. 알겠지? ○○이 덕분에 휴지를 덜 쓸 수 있게 되었네. 진짜 고마워." 이렇게 말하면 아이 칭찬도 하고 환경도 지키는 일석이조의 효과를 누릴 수 있다.

③ 도서관과 중고 거래 플랫폼 활용하기

세 아이를 기르면서 나는 새 전집을 사본 적이 없다. 주변에서 물려받거나 중고 거래를 통해 전집을 구매했다. 주로 자연 관찰 전집과 창작동화 전집을 한 질씩 중고로 구매했고, 단권은 도서관에서 빌려 보았다. 굳이 값비싼 새 전집을 구매할 필요가 없다는 주의다. 아이 수준에 맞는 적당한 전집을 책장 한쪽에 꽉 채워 두면 아이는 흥미에 따라 책을 꺼내 읽는다. 저렴한 금액에 구매했기 때문에 아이가 책을 읽다 조금 찢어도 크게 잔소리할 이유가 없다. 또한 아이들이 몇 년간 잘 본 책은 나중에 중고거래 플랫폼을 통해 무료 나눔을 했다. 이렇게 자원이 선순환되는 것이다. 한편 아이 외투는 비싼 것이 많아서 깨끗하게 입은 외투는 누군가에게 팔았고 아이에게 새로 필요한 외투는 중고로 구매하기도 했다.

> 지구의 환경 위기 상황을 이해하고, 이를 극복하기 위한 다양한 방안을 찾아 자신의 일상에서 실천하고자 노력한다.
> — '도덕과 교육과정 [초등학교] (4) 자연과의 관계 성취기준'에서 발췌

우리가 조금만 더 관심을 가지면 환경 위기를 극복할 수 있는 방법은 얼마든지 찾을 수 있다. 그리고 어릴 때부터 환경보호 방법들을 실천해 몸에 밸 수 있게 가르치는 것이 좋다. 환경생태 감수성이 뛰어난 아이일수록 성장 과정에서 환경문제에 대해 더 고민하고 사회에 도움이 되는 창의적인 아이디어를 많이 떠올릴 것이다. 아이에게 특별한 정보를 주입하기 위해 애쓰기보다는 미래 사회에 필요한 인재로 키우기 위해 노력했으면 한다. 환경오염이 점점 심각해지는 오늘날에는 이런 고민을 하면서 자란 아이가 더욱 경쟁력을 지니게 될 것이다.

쓰레기 분리배출 시 주의할 점

1. 우유갑 분리배출

우유갑은 내부 코팅된 종이이기 때문에 종이 쓰레기로 배출하면 안 된다. 많은 수고와 에너지가 들 테지만 '오늘의 분리수거'라는 앱을 통해 우유갑을 배출하거나 지역 내 행정복지센터에 분리배출이 가능한지 알아보고 버리는 게 좋다. 또한 아이와 함께 정리하면 의미 있는 환경교육이 된다.

2. 옷 분리배출

정리할 옷가지 중에 상태가 좋은 것들은 중고 판매 외에 아름다운 가게(www.beautifulstore.org), 굿윌스토어(www.goodwillstore.org)에 물품 기부를 하는 방법도 있다. 아름다운 가게, 굿윌스토어에서는 기부금 영수증을 받을 수 있다.

아이들이 행복했으면 좋겠습니다

2021년 35개국을 대상으로 아동 삶의 질 수준을 비교한 결과, 한국 아동의 행복지수는 전 세계 하위권인 31위라고 합니다. 안타깝고 슬픈 현실이 아닐 수 없습니다. 아이를 낳았을 때는 그저 건강하게 자라기만 하면 좋겠다는 마음이었습니다. 엄마인 저에게 미소 지어 주는 것만으로도 감사했고 두 발로 서서 걷는 것만으로도 기특해서 박수를 보냈죠. 아이 덕에 하루하루가 감사했고 행복이 가까이에 있는 것처럼 느껴질 때도 있었습니다. 그러나 어느 순간부터 아이를 키우는 게 단거리 달리기를 하는 것처럼 조바심이 들고 경쟁심이 발동하기까지 하더군요. 조금만 방심하면 레이스에서 뒤처질 것 같은 불안감에 아이를 다그치며 빠르게 앞서 달리는 엄마가 되어 있곤 했습니다.

하지만 고된 시간을 조금 지나고 나서 한숨 돌리고 보니 육아는 결코 단거리 달리기가 아니더라고요. 『김미경의 마흔 수업』에 따르면 100세를 살아가야 할 우리의 인생 시계에서 100세를 24시간으로 계산해 보면 1년은 약 14분 정도라고 합니다. 그렇다면 네 살 아이들은 이제 겨우 새벽 1시쯤이고, 일곱 살은 새벽 1시 30분쯤을 지나고 있어요. 우리 아이들에게는 아직 22시간 넘는 시간이 남아 있는 것이죠.

그러니 아이들에게 삶의 여유를 알려 주고 사계절의 변화를 느낄 수 있는 기회를 주는 건 어떨까요? 또 일상의 다양한 감정을 부모와 차분하게 이야기하고 다른 사람에게 기여하는 따스한 삶을 살도록 희망과 용기를 안겨 주는 게 좋지 않을까요? 삶이 그저 괴롭고 고통스러운 것이 아니라 살아 볼 만한 가치가 있다는 긍정적인 마음이 아이의 마음에서 쑥쑥 자랄 수 있도록 힘을 주는 부모가 많아지면 좋겠습니다.

육아에 있어 마음이 갈대처럼 이리저리 흔들리지 않으려면, 즉 뿌리가 단단한 부모가 되려면 부모가 먼저 일상에서 여유를 가져야 하더라고요. 내 모습이 만족스럽고 살아갈 에너지가 충만하면 자연스레 아이를 너그러운 눈으로 바라보게 됩니다. 요즘 따라 아이에게 거는 기대가 너무 크고 때때로 자기 자신과 가정이 불만족스럽다면 혹시 삶의 기본을 잃고 스스로를 몰아붙이지 않았는지 한번 돌아보면 좋을 것 같습니다.

　한창 육아가 버겁고 힘들 때 저는 「모두 다 꽃이야」라는 동요를 듣고 큰 위로를 받았습니다. 이 동요에는 '아무 데나 피어도 생긴 대로 피어도 이름 없이 피어도 모두 다 꽃이야'라는 가사가 있지요. 아이는 모두 하나하나 예쁜 꽃 같은 존재입니다. 아니 꽃보다 더없이 소중한 존재예요. 어디서 어떤 모습으로 태어났든 그것이 좋고 나쁨을 판단하는 기준이 될 수는 없습니다. 그저 존재하는 것만으로도 소중하고 귀하기 때문이지요. 이렇듯 예쁜 아이를 잘 기르기 위해 많은 부모가 오늘도 노력하고 있는 것이라 생각합니다.

　저는 아이와 부모 모두 행복한 세상이 오기를 간절히 소망합니다. 그리고 이 책에 나온 수많은 이야기 중 단 하나만이라도 실천해 보길 추천합니다. 현재 육아 방식이 저와 매우 다르다 할지라도 이 책에서 하나만 찾아 실천해 보면 삶에 작은 변화가 일어날 겁니다.

　책을 마무리하며 오늘도 반짝이는 육아를 하기 위해 애쓰는 부모들을 마음을 다해 응원한다는 말을 전합니다. 이 책이 흔들리던 육아를 조금은 잡아 주는 든든한 버팀목이 되길 바랍니다. 진심으로 감사합니다.

▶ 도서
- 강효진 저, 『마음이 단단해지는 살림』, 비타북스, 2021.
- 김미경 저, 『김미경의 마흔 수업』, 어웨이크북스, 2023.
- 김승호 저, 『돈의 속성』, 스노우폭스북스, 2020.
- 마이클 샌델 원작, 신현주 글, 함규진 감수, 『10대를 위한 공정이라는 착각』, 미래엔아이세움, 2022.
- 방종임 저, 『자녀교육 절대공식』, 위즈덤하우스, 2023.
- 요한 하리 저, 김하현 역, 『도둑맞은 집중력』, 어크로스, 2023.
- 이지성 저, 『이지성의 꿈꾸는 다락방』, 차이정원, 2017.
- 존 우든·스티브 제이미슨 저, 장치혁 역, 『88 연승의 비밀』, 클라우드나인, 2014.
- 지나영 저, 『세상에서 가장 쉬운 본질육아』, 21세기북스, 2022.
- 최승필 저, 『공부머리 독서법』, 책구루, 2018.
- 폴 에크먼 저, 『표정의 심리학』, 바다출판사, 2020.

▶ 웹사이트 및 기사
- 〈독서신문〉, "조선 명문가의 독서교육 _ 〈19〉 이황, 공부하기 좋은 장소가 있다", 2011.08.26. https://www.readersnews.com/news/articleView.html?idxno=28138
- [네이버 지식백과] 자아개념[自我槪念, self-concept] (교육학 용어사전, 1995. 6. 29., 서울대학교 교육연구소) terms.naver.com/entry.naver?docId=511962&cid=42126&categoryId=42126
- 〈여성가족부〉 2024년 청소년 통계_3. 다문화 학생 https://www.mogef.go.kr/nw/rpd/nw_rpd_s001d.do?mid=news405&bbtSn=709973
- 〈콩나물신문〉 아이들은 왜 놀이터를 좋아 하는가? 2021.07.19. https://www.kongnews.net/news/articleView.html?idxno=11603
- 국립국어원 우리말샘 opendict.korean.go.kr/dictionary/view?sense_no=1374909&viewType=confirm
- 세이브더칠드런 https://m.sc.or.kr/news/storyView.do?NO=71794

박여울

2012년부터 중학교 도덕 교사로 재직 중이며, 세 아이를 키우는 대한민국의 평범한 엄마이다. 아무것도 모르는 초보 맘에서 시작해 삼 남매를 낳아 기르기까지 육아의 시행착오를 숱하게 겪었다. 셋째를 낳고 나서 찾아온 육아 우울기를 꾸준한 독서와 글쓰기를 통해 극복했다. 또한 그때부터 삶의 에너지를 최소한으로 쓰면서 아이를 잘 기르기 위한 방법을 본격적으로 고민하기 시작했다. 도덕 교과서에서 힌트를 얻어 공부를 잘하는 아이보다는 자신을 잘 이해하고 사랑하며 남을 배려할 줄 아는 '기본'이 바로 선 아이로 키우기 위해 오늘도 고군분투 중이다.

블로그 https://blog.naver.com/yuhul0
이메일 yuhul0@naver.com

4~7세에 뿌리내리는 삶의 가치

기본 가치 육아

초판 1쇄 인쇄 2024년 7월 22일
초판 1쇄 발행 2024년 7월 30일

지은이 박여울
발행인 박효상 | **편집장** 김현 | **기획·편집** 장경희, 이한경
디자인 임정현 | **마케팅** 이태호, 이전희 | **관리** 김태옥
교정·교열 진행 고은희 | **조판** 조영라

종이 월드페이퍼   **인쇄·제본** 예림인쇄·바인딩

출판등록 제10-1835호   **발행처** 사람in   **주소** 04034 서울시 마포구 양화로 11길 14-10 (서교동) 3F
전화 02) 338-3555(代)   **팩스** 02) 338-3545   **E-mail** saramin@netsgo.com
Website www.saramin.com

책값은 뒤표지에 있습니다.
파본은 바꾸어 드립니다.

ⓒ 박여울 2024

ISBN 979-11-7101-088-2 13370

우아한 지적만보, 기민한 실사구시 사람in